王立文 孫長祥 仲崇親 著

元智通識叢書倫理系列

倫理與通識

文史哲出版社 印行

論理與[illegible][illegible]

[illegible]

文史哲出版社印行

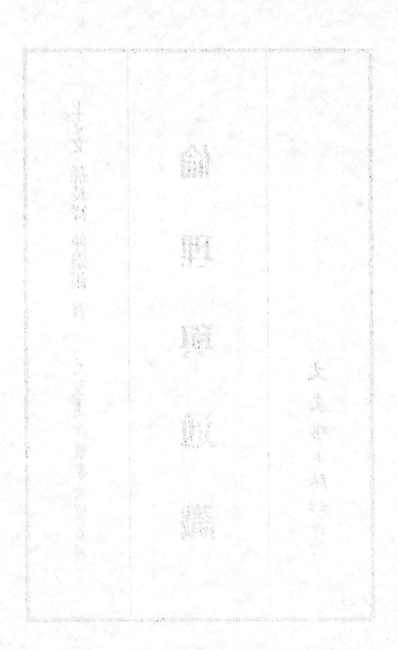

序

大學授課之餘，常翻閱印哲克里希那穆提之書，文中總不時提醒讀者不要做個人云亦云的人，我除了在機械系任教，亦擔任元智通識教育中心主任，更幸運的還有機會當選中華民國通識教育學會理事，在理事群中，我總能看到一些特立獨行的知識份子，有風骨、有原則。反觀社會，最近人心浮動，每遇選舉，社會的傷痕就更多，不禁讓我們想這周圍的社會究竟怎麼了。

長祥兄來到元智勤於研究，在哲學上頗具見地，可是如果僅是產生一些學術論文，發表後便束諸高閣，藏諸名山，似乎亦不是他的志趣，在我推動多元智能時，長祥兄便不時出些意見，鼓勵我持續下去，我常常做事都是開始有勁，逐漸後勁不足，長祥兄則能一以貫之，就連倫理計畫亦然，初始我興趣勃勃，久之則漸疲乏，但長祥兄參與其中，熱誠不改，更有繼續擴大發展之意。無論如何，這兩三年長祥兄和我常常一起論文章、評社會而成為好友，這段時間他和我赴一些研討會發表的作品亦還不少，收集起來，以饗同好，未嘗不是個好主意。另外，仲宗親教授即將退休，但其在元智教學研究熱忱不因年齡而稍有退減，真是年青學者應效法的對象，他對全球化和倫理議題之間的互動關係有深入的研究，故亦樂將仲教授一佳作收入本書。教育部之教學卓越計畫及提昇基礎教育計畫皆支助本校推動倫理，亦特此表達感謝之意。

元智通識教育中心主任　**王立文**

二〇〇五年十二月

倫理與通識

目次

元智大學倫理教育與專業教育互動之回顧與展望

教務長兼機械工程系教授王立文
通識教育中心副教授　孫長祥

一、前　言

近年來，許多科技領域發展迅速，人們藉此享受到前所未有的舒適與便捷，強化了人們實用及功利的觀念，十分忽視道德與價值問題。那些科技專家，變成只會製造優良產品或軟體的技術人員，不關心社群與國家、世界等重大問題，事實上也不知道如何去關心這樣的問題，要成爲什麼樣的人？什麼樣的生活值得過？這類的問題，科技專家大都覺得陌生，而大學的專業教育對此多半亦束手不管。

工程科技造成的倫理問題，探究者已進行一段不算短的時光了，故常可聽到有工程倫理的名稱。資訊科技較新，它造成了目前社會相當多的倫理問題，尙待迫切的探究。個人隱私權的確保問題、惡意廣告的文化問題、著作版權的保護問題，還有網路色情與犯罪的防杜等問題，在在皆挑戰人們的生活環境和價值體系，因之，如何在便利的生活空間也尊重個人隱私並維護應有的社會公義，實須有相當新的倫理觀念。這也是資訊科技給人類社會和文化層面帶來的新課題。

元智工程和資訊學院分別爲兩大重點學院，元智原以工程學院起家，後因校方非常重視行政資訊化，接下來便成立了資訊學院，因此工程和資訊兩科技在元智校園內很多人都有相當的認識，可是這兩科技的倫理問題，清楚或關心的人就不是很多了，但實際上元智的學生因在網上玩遊戲而造成實際上互毆者有，另外在網上偷取他人之電玩武器而觸法上報者亦有，看來元智校園中的倫理問題已到了不能不系統化的探討與改進的地步，否則一味給學生強調工程與資訊科技的專業教育，未來在校園會鬧事，出了社會可能更會給社會帶來鉅大的禍患，如果我們不及時注重倫理教育之推動，後果堪憂。

元智雖然科技掛帥，它尙含有人文社會學院及通識教育中心，可作一些平衡。

歷年來，通識中心總有開設倫理學的課程，校方在課堂及課堂之外都有注意到要加強相關的倫理教育，不敢忽視它。其實e世代的青年不但在electronic方面要強，懂得用e-mail，過其e-life亦應要特別重視ethics。本校最近有訂下了學術的重點，一是Green Technology and Management和e-life，在拚命往新科技發展之際，同時亦刻不容緩地要注重其相關的倫理問題，才不致讓大學教育過於偏向專業教育形成偏頗。同學們若能普遍對倫理有較深入的認識，無形中會給學校減少許多困擾，將來他們進入社會才會提供正面有益的貢獻。

元智大學以往在倫理教學方面從三方面著手，有一般性的通識課程——倫理學，另開設有工程倫理、企業倫理，此外還有全校性的「實驗」課程，觀察及檢討資訊科技帶來的一些倫理方面的問題與衝擊。展望未來爲因應廿一世紀知識經濟與全球化新時代的到來，「人本化、民主化、多元化、科技化、國際化」等「五化」，應做爲當前教改的首要指導原則；台灣的高等教育，分階段在推動「提昇大學基礎教育」方案，從人的思想、情操、知識與技能等各方面，提升「大學知識人」的優良品質，以期培育出具有自知自律、民主法治、科技智能、開闊心胸的新世紀公民。本校則以「全球化趨勢下的倫理教育學程」爲計畫，獲得教育部的補助（楊國樞　一九九四）。

我們採「全球化趨勢下的倫理教育學程」爲題，規劃全校性共同學程，主要是基於一個認知：由於世界運輸、通訊科技的高度發展，網路資訊的發達，加速了觀念、產品、信息、資本、人口的流動；在全球交往的廣度、強度、速度影響下，全球儼然成爲一個連續統一體，此連續體的一端繫於本土與國家，另一端則爲區域與全球。然而不論世界的情勢如何變遷、資訊科技如何進步，能在未來知變識變，面對挑戰，權衡利弊，從容應對的，終究「行之者在人」；真正行動的主體在人本身，在人如何型塑自己理想的價值觀，並以此去對待人事物的倫理行爲表現上。換言之，人應該如何去面對新世紀「全球化」的趨勢與問題，人應當如何堅穩的立足於本土，而後走向多元變遷的繁雜世界；謀求人生問題解決的對策，努力踏實的實踐，才是全球化趨勢下具有前瞻性、務實性倫理教育的當務之急。所以，本校中長期的校務發展特重「元智人」特質的養成：希望步步「務實」的訓練出「卓越」的專業人才；更要以此爲根據，「宏觀」的了解整體人類知識體系與全球化的進程，從而自我定位，認清自己的角色與範限，然後才能在多元的人類社會中，尊賢容眾，「圓融」而悠游的在人群中實現自我、完成自我，做一個堂堂正正的人。

二、元智推動倫理教育之回顧

元智大學是以工學院起家的，工學的思想是學校的主流，在這樣的一個學校裡曾經有或可能有些什麼樣的倫理問題呢？倫理問題若和專業牽涉不大，那就是一般倫理問題，屬於一般倫理學的範疇，若和專業牽涉很深，就成了專業倫理問題，屬於專業倫理學的範疇，如果這專業是所謂的「工程」，工程倫理便產生出來了。元智大學工學院原來有五系：電機工程、機械工程、化學工程、工業工程及資訊工程，然而近年來工程的意義愈來愈廣，亦愈來愈模糊，有所謂的自動化工程，環境工程，醫學工程，遺傳工程，甚至心靈工程及企業再造工程，因爲工程字義有其廣泛的一面，因此工程倫理的範疇已逐漸接近專業倫理及應用倫理的範疇，當然後兩者的範疇還是比工程倫理的範疇爲大，畢竟有些專業可與工程無涉。應用倫理較專業倫理要廣，有些應用範圍也許還構不成專業，但仍有倫理問題發生，如網路及道路之使用等（朱建民一九九六）。元智在一般倫理學方面，開的通識課程，如倫理學導論、倫理學，在專業倫理學方面，亦有開通識課程，如企業倫理、系統工程與倫理及工程倫理等課。由以上開的課程看來，本校對倫理問題，不可謂不重視了（王立文、胡黃德等二〇〇〇）。一般倫理學的課是由葉老師及鍾老師兩位開授，他們兩位是學哲學的，其教學目標爲培養同學正視道德的態度，訓練倫理思考的習慣，教學大綱含(1)關於倫理及其原則的後設討論(2)介紹主要實質倫理學說，公益主義和義務主義(3)討論倫理理論的應用問題：如安樂死、殺生等。專業倫理學的課程有三位老師（胡、韓、鍾）教過，胡教授主要教工程倫理，韓教授教系統工程與倫理，鍾老師教企業倫理，鍾老師的企業倫理中提及個體與企業體的關係，含(1)員工與員工的關係(2)員工與管理階層的關係(3)企業體最高決策者與員工的關係，另外亦提及企業體的社會責任。韓教授的課程則含有利用系統工程重建現代倫理的內涵，韓教授兩年前退休，此課目前停開，胡、韓兩位教授的學術背景則是工程。工程倫理這門課則由胡教授邀請多名教授或專家就其專長主題演講，如中原、交通、清華、中央、陽明等大學的教授都有參與。

胡教授在工程倫理這門課中，安排了十四項內容，簡述如下：

1. 中國固有文化哲學與倫理
2. 工程倫理守則與個案應用

3. 能源資源與倫理
4. 工業安全與倫理
5. 法律規範與倫理
6. 環保與倫理
7. 個案討論
8. 自動化與倫理
9. 基因工程與倫理
10. 數據處理與倫理
11. 還原工程與晶片保護法
12. 智慧財產權與倫理
13. 環境規劃製作與專業倫理
14. 工程師的工作責任與素養

對於這種單一課程形態的「工程倫理」課程，經由不同工程專業的教師或實務人員依其本身之專長講授，稱之爲「群體教學」（Group Teaching），確實有助於系統地灌輸工程倫理觀念，使學生知道各工程專業對社會可能帶來的衝擊與影響，體驗到自身對社會的責任，進而調整其未來就業的心態，化解許多潛在的社會災害於無形，自有其正面之意義。然而課程若列爲選修，並非大多數學生可以明白此一重要的工程師之責任與素養。因此，單一課程形態的工程倫理課程，會有其先天上之限制。

元智在很特殊的因緣下，非常努力地想把校園弄得極端「資訊化」，在校方的刻意經營，加上年輕人多數亦酷愛電腦，「資訊社會在元智」成了元智的生活運動，因資訊系統在校園中架設，有時候新出來的工具立刻被用在不應該用的地方，比方說在 E-Mail 系統剛設好之後，便有一學生利用別的同學的 Password 進入 E-Mail 系統，廣發不堪入目的字眼罵全校，校方立即開了許多委員會檢討這事應如何處理，有人以爲無所謂，就如廁所文學一樣，不必理他；亦有人以爲如果抓不到犯案者，就應處罰那 Password 被盜用的同學，因爲他可能用完電腦沒有關機，亦可能把 Password 亂給同學，這都是不對的；亦有人主張一定要抓到犯案者，予以嚴懲，甚至於退學。另外一案例是一職員和工讀生很要好，當時元智職員上班要用「電腦簽到」，有一天職員未到，工讀生好心就替她簽到，可是當天上級忽然有事要找她，遍找不到，原來她那天根本沒上班，事後開始檢討學生的過失及職員的過失，引發不同的觀點。有人以為這不過是職員曠職一天而已，沒什麼大不了；但亦有人認為學生犯下偽造文書的罪，是不得了的大事；亦有人在檢討職員有無授意學生做這件事。以上的例子，在學校都會引起許多人的爭論，有的人是以效益論（沈清松一九九六），看這些案例，以此觀點看事的人，一般來講比較偏寬，他們強調資訊系統要讓它暢行，不要給人太多畏懼感，使受處罰者厭惡資訊系統，他們認為系統的暢行非常重要，大家用久了，自然會自律；另一種是以義務論看這些事情，這群人主張應速立法，愈詳盡愈好，把所有可能犯的錯，都列舉下來，犯哪些規則的，應受何等處分，亦要非常清楚，因此一旦事情發生，按規定辦理；最後一種人是以德行論看這些案例，這群人總覺得犯規者可能對資訊系統的效用認識不清，應多予輔導，給他們機會，原諒他們，不要處罰（記過）他們，也許要求他們做一點服務，以表示他們的歉意等等。這類案例，每次引起爭議、討論，無形中大家都在學習，包括管理者、老師、行政人員、學生都不免會思考這些問題，原來若不使用資訊系統，根本不會有的問題，因資訊系統在校園的推展，倫理問題因之而生，從某個角度看來，這是一個全校性的實驗教學，不過在做這些實驗中，受害或受傷者難免有些無辜，也許一時好玩，犯下了記過的處分，這種因工程技術的進步，引起對應的倫理問題值得進一步探討。

三、元智未來推動倫理教育的原則與方式

推動倫理教育要掌握一些原則，元智以爲下列五項在未來應格外留意：

第一、培育自覺行動者：如元智「誠勤樸慎」的校訓所示，誠意、勤儉、樸實、敬慎是任何一個倫理行動者必備的品德；四者尤以誠意爲本，而誠意首重自覺、立志，以勤儉樸實自許，不好高騖遠，事事敬慎，步步踏實。未來在知識經濟與全球化發展的趨勢下，大學知識人勢必承擔更多的職責，要提昇「元智人」的品質，應該要求學生成爲自覺的行動者（Krishnamurti 1995），樹立自我承擔、勇於負責的意識。

第二、理論與實踐並重：大學教育的宗旨在培育一個心智成熟，能明辨是非，勇於決行，而無所疑惑的，自立自強的知識分子；因此本校倫理教育學程的規劃，理論與實踐並重，以理論指導行動，以行動修正理論。換句話說，所謂「知是行之始，行是知之成」，知行並重，即知即行，惟其「知行合一」，才能造就一個願在事上磨練、肯在行爲上修正調整的積極行動者（錢穆一九七九）。

第三、倫理與科技交融：爲了避免因爲迷信科技而輕忽人文、喪失自我的現象發生；也爲了避免過度的注重專業技能訓練，徒然只訓練出高級物化的「機械人」，卻忽略能真正地創造科技、使用科技及享用科技。因此，主張倫理與科技交融，也就是說：必須重新省思人與科技間的對待關係，並且重申「尊德性而道問學」的理想；落實在實際的倫理教學中，則是基礎倫理與專業倫理兼顧；使「倫理必不窮乎科技，科技必不屈於倫理」，倫理與科技交融互攝，相持而長，建立合理節制的對待關係（余英時一九九二）。

第四、尊重個體關懷群體：倫理的行爲興於個人，立於家庭，成於社會；大學的倫理教育基本上是個人、家庭倫理的延申；大學是個自由開放的空間，師生互動的場所，因此所有的個體更宜注重自己的言行舉止，並在應對進退的接物活動之中，陶冶個人的品德，演習各種禮節規範，在課堂與校園之中學習彼此尊重，相互禮讓，「尊賢容眾，嘉善矜不能」；並學習寬裕開放的態度，以民胞物與的胸襟關懷社會，培養以社會公眾事務爲己任的社會良心。

第五、藝術化的生活倫理：倫理教育的本質是一種意志的實現、行動的實踐，而不僅只是在課堂中的理論傳授，更是生命形態在實際生活中的操演與歷練；所謂

「知之者不如好之者，好之者不如樂之者」，倫理本身即是一種實踐的藝術，而不只是一種滿足人理性認知的一門知識，或只能讓人旁觀欣賞卻不能參與的事物。倫理是生命本身的參與，人應該要隨時隨地開發生活中的美善，並能自得其樂；也就是說，人人能樂生、樂學，才是倫理教育的極致。因此倫理教育的規劃，希望將倫理與藝術的創意結合，提倡納藝術於日常的倫理生活之中，使倫理生活藝術化，讓人在藝術化的倫理生活中，悠游自得，實現自我。

總之，本校未來倫理教育的推動，除了學習基礎的道德規範之外，更重視自動自發、積極實踐倫理行動的精神；也就是說，理想的倫理教育「始之於自覺，終之於自得」，旨在喚起倫理行動者，自發而樂於行動的意志，誠敬的待人接物與任事。真正的倫理教育既非「知易行難」，光說不練，只重倫理知識的傳授；也非被要求或要求別人遵行倫理教條，卻不明所以；而是要能激動人的內心、使之充塞昂揚的行動意志，與積極行動的熱情，即行即知，即知即行，當在倫理情境中「自反而縮」時，則能自然興起義無反顧決行的道德勇氣。

至於未來推動的方式則和課程現況與學程規劃的策略很有關係。本校各院系與通識教育中心發展性通識課程四大領域，目前已開設與倫理可以有關的課程名稱如下：

（一）自然科學領域：「人與環境關係導論」、「環境與生態」、「環境保護規劃概論」、「網路資源運用與倫理規範」、「系統工程與倫理」、「工程專業倫理」。

（二）人文藝術領域：「哲學與人生」、「宗教與人生」、「易學與人生」、「大學生思想與修養」、「歷史人物評析」、「價值通論」。

（三）社會科學領域：「倫理學」、「人群關係」、「婚姻與家庭」、「兩性關係」、「社會關懷」、「婦女研究」、「企業倫理」。

（四）生命科學領域：「自然資源與環境保護」。

（五）本校通識教育中心現正執行教育部另一「提昇大學基礎教育計劃」，編號 **H038**：「整合人文社會學科的基礎課（學）程規劃與教學實驗」的第三分項計劃：「『行動性』基礎課（學）程規劃與教學實驗」中，與倫理相關課程名稱如下：「禮樂教化與身體教育」、「身體與實踐」、「傳統武藝與身體智能」、「文化節慶與空間動作」。

（六）管理學院現正執行教育部「提昇大學基礎教育計劃」，編號 **H037**：「商管範疇之溝通、分析能力與倫理教育」的第五分項計劃：「企業倫理與倫理決策能力提昇」中，則規劃開發新課程：「倫理決策分析及評估」，並推動「融滲式」倫理教學，目前開設有「企業倫理」課程。

（七）其他如：工學院有「工程倫理」、資訊學院有「資訊倫理」等課程。

就以上本校各院系與通識中心所開設與「倫理教育」有關的課程狀況可知，課程雖然具有多樣性，卻多零星散置，未形成整體系統的關聯，也缺乏層級先後、難易深淺的次第性。在「一年規劃、二年實驗、三年評核、四年推廣」的分年進程節制下，希達成：一、依倫理學領域研究所區分後設、規範、應用的架構，將現有校內所有關於倫理的課程，重新評估，再予以整合排比為學程；二、以「知行合一、理論與實踐並重」的期望，並配合「藝術化的生活倫理」的目標設定，特別與通識教育中心提昇大學基礎教育的實驗課程結合，將「禮樂」活動納入倫理教育的一環，開發行動倫理的課程，並使之常態化；三、與校方行政系統配合，增修與催生「倫理教育學程」法規，以利學程的推行。

現階段預計先課程後學程，分為兩部分進行規劃：

第一部分是倫理課程規劃，長久以來，倫理學研究比較偏重道德理念、理想、理論的層面，廿世紀後半則開始重視，如何將規範倫理學理論應用於實際的道德問題上。由於科技文明的快速進步發展，新的道德問題也日益翻新，既有的道德規範也面臨重大的挑戰；相應於這種變遷的態勢，本校倫理課程的規劃，主要分爲倫理學的理論與應用，規劃涵蓋性較廣且較具基礎性的倫理學課程。在理論性課程方面，預計開發「規範倫理學」、「實用主義倫理學」、「藝術與倫理」等課程。在應用性課程方面，預計開發「生命倫理學」、「倫理與公共事務」、「環境倫理學」、「行動倫理」、「倫理學名著選讀」等課程。雖然本校目前所開設有關倫理的課程，已具有多樣化的特色，但希望在全面檢討現有課程內容、教學狀況、師資之後，在其中或另行開發，擬定具有理論與實踐意涵的一至二門課程，探討作爲全校性共同倫理課程的可能性。

第二部分是倫理教育學程規劃，真正的道德行爲是人在實際與人事物接觸的倫理情境中，具現人所思所行的行爲實踐；而倫理學的首要任務則在對個人與人群的行爲，進行反省、分析、評價與發展道德規範的標準，不僅探索道德思想的合理性，也探索行爲的正當性。學校倫理教育則在上述前提之下，提供人一套完整的學習批判自我、型塑理念、明是非、別善惡的理論與實踐訓練課程。本倫理教育學程的規劃，希望盡量在不增加學生現行規定的畢業總學分數的範圍內，規劃出十個學分的「倫理教育學程」。本校一般系的平均畢業學分爲一二八學分以上，其中有三十二學分的通識課程，通識課程扣除國文、英文、歷史、憲法，尚餘十二學分，初步預計將學程內課程群，平均分散在發展性通識課程的四大領域之內，課程群內容包含：㈠倫理學基礎理論——後設與規範倫理學，㈡科技與倫理——應用與專業倫理學，㈢行動倫理：開發以身體、行動爲主的禮樂與倫理智能等課程，以上三者列爲畢業學分內，專屬倫理學程共計十學分。㈣另外，則與學務處搭配設計，不算畢業學分的「倫理實作」，研究倫理實習課程的可行性，初步構想爲規劃「志願服務（志工）」實作項目，以倡導「人生以服務爲目的」的倫理理想。若有好的教師帶領，這些教師有上迴向的本事，又有下迴向的慈悲（方東美一九八一），師生的互動，將極有益於行動倫理。

四、結　語

基於以上所述，元智本著過往經驗及未來的期許，以如何提昇「元智人」的品質爲構想，斟酌元智大學中長期的發展方向，全面檢討與整合現有學術與行政系統的人力與物力，統合本校各學院基礎教育與通識教育的發展目標與策略，開發、設計與推動具有元智特色的全校性共同倫理課程與學程；以期落實在倫理與專業科技並重的實際教學活動中，實現培育出未來具有深厚人文素養，基礎實力堅強，能獨立思考、明辨是非，勇於自省、樂於溝通，具有創意發展、整合異同，又有爲有守、敬業樂群，可以獨當一面的知識、科技、管理人才。綜合來說，元智要努力於下列四點：

（一）型塑理念建立共識：探討具有元智特色的人文理想、共同的基本倫理信念與行動的理念，與評估理念的可行性，以期建立全校教職員生的共識。

（二）任務編組控管評效：探討可能整合的校內行政、學術資源，並加以彈性調整，分配任務，規定權責，並設計有效的評估指標，以確保此倫理學程的施行品質與成效。

（三）釐訂課程開發學程：以通識教育中心爲主體，整合各院系目前所開設有關倫理的課程，並開發與釐訂共同必修的倫理課程，再規劃具有前瞻性、可行性，以及突顯元智人特色的「全球化趨勢下的倫理教育學程」。

另外，我們要做到學輔結合學生生活，以學務處爲主體，依元智現行學生社團、心理輔導、境教與通識教育結合的規模與實際施行的成效，綜合評比，萃取精華，設計配套措施，落實在日常的校園生活中，具體規劃有助於人性發展的生活倫理措施。

參考文獻

王立文、胡黃德、簡婉（二〇〇〇）：〈元智大學之專業倫理教學〉，《通識教育季刊》，第七卷第四期，頁五九—七〇。

朱建民（一九九六）：〈專業倫理教育的理論與實踐〉，《通識教育季刊》，第三卷第二期，頁三三—五六。

沈清松（一九九六）：〈專業倫理教育的基本概念〉，《通識教育季刊》，第三卷第二期，頁一—一七。

Krishnamurti, J.，（一九九五），《人生・教育・學習》，台北：方智出版社，張南星譯，頁三—一四。

楊國樞（一九九四）：〈從廿一世紀的人與社會談教育目標的釐訂〉，《教改通訊》

第二期。
余英時（一九九二），《中國思想傳統的現代詮釋》，台北：聯經出版社，頁一—五二。
方東美（一九八一），《華嚴宗哲學（上）》，台北：黎明文化事業公司，頁二三—四九。
錢穆（一九七九），《中國學術思想史論叢》（七），台北：東大圖書公司，頁四五—一二三。

倫理與現代科技相互影響之探討與對策

教務長兼機械工程系教授王立文
通識教育中心副教授　孫長祥

一、前言

近十年來三大新興科技接連而起，資訊科技、綠色科技與生物科技。這三類科技皆有相伴的倫理問題存在，若能妥善因應處理，科技發展與人文考量或能相輔相成，若予以漠視，科技發展與人文考量難免形成對立，造成偏廢，恐非社會之福。人類社會中難解的問題，大學有義務去分析探討，大學才不致與社會脫節。本校於前三年通過兩大重點分別是資訊生活及綠色科技，今年又加上生物科技為未來重點故亦將成爲本校明日之星。這三大新興科技連帶的倫理問題皆有其廣度與深度，若大學不參與探討，交給社會上其他單位去面對，對它們都會太難，因此在大學教育中這些與新興科技相關的倫理問題勢必要儘快研究探討，引起廣泛的注意，如此才能引導社會，不致於走向錯得離譜的道路上。元智大學在這方面曾義不容辭地參與探討（王立文、胡黃德、簡婉二〇〇〇）亦草擬了一些對策（王立文、孫長祥二〇〇二）。

二、三類科技相關的倫理問題

資訊科技造成的倫理問題相當多，就以 e-mail 系統爲例，我們經常可以看到是：偷用別人的 password 發一些罵人髒話的信件；簽到系統 e 化之後，有人替你代簽或你替他人代簽；公器私用，發表感想，暗諷他人或賣東西、租房子；寄些黃色笑話或色情圖片給相識的人或不相識的人；寄一些含有病毒的電子信件；利用上班時間寄私人的 e-mail；利用 e-mail 傳教予陌生人，迫人接收訊息；有時莫名其妙收到一些產品廣告的電子郵件，對方是如何獲取我們的 e-mail address？做以上事情的人，一定就是壞人嗎？那些事情一定就是壞事嗎？是一件小壞事還是大壞事呢？好壞對錯的標準是什麼，同是壞事有沒有程度之分，那分別程度的標準又是什麼？值得我們思考。倫理學中的效益論、義務論、德性論有助於我們對這種問題作進一步探討（沈青松一九九六）。

綠色科技起源於人類對環境污染的警覺，許多化工廠固然生產了一些討人喜歡的化妝品，但也產了一些污染流入河川；塑膠品、塑膠袋給人帶來了相當的方便，但它不見得容易消失，長久以此形式存在於地球，成爲不易處理的垃圾；將廢電纜、輪胎燒去，使空氣中飄浮著毒性物質；大家過度地使用空調冷氣，冷煤蒸發後，會破壞臭氧層；常常使用農藥，固然保護了農作物，但天上的飛鳥也許會誤食，經過雨水沖刷，農藥入海，受害的有魚類，但鳥魚又進入人腹，最後的受害者還是人。人和環境之間的關係也是屬於倫理範圍，人類要是恣意地爲一時的利益破壞環境，受害的可能是我們的親友或子孫，甚至於就是自己，所以綠色科技是應運而生的。比如發展燃料電池，提供電力，企圖取代核能或火力電廠，我們都知道核廢料處理的不好是很傷人的。燃料電池則不會有這種副作用，就像使用太陽能發電一樣，這種以不污染環境爲相當重要的考量而發展出來的科技，我們可以統稱之爲綠色科技。綠色科技是値得大力提倡的，因爲它的發展已考量了人和環境互動的倫理因素。

下面我們約略來談談生物科技造成的倫理問題。進行複製人可不可以；代理孕母有何不恰當；基因改造，改良下一代可不可以；強者是否有優勢來複製或基因改造，若可以，社會的公平正義何在?代理孕母是否可能形成亂倫的現象?生物科技的倫理爭議和這產業未來的發展極有關係，這產業的生存與成長需要大眾的支持與審核，但對某些生物科技學家而言，若是愈接近完成複製人，負面的質疑的壓力就會愈強大。最近之 SARS 病毒雖非因發展生物科技產生，但生物科技發展下去也許正會產生某些新生物品種，一旦失去控制，則有可能帶給人類更大或類似的浩劫，發展生物科技豈能不慎?這些由新興科技帶來的倫理問題，確實需要大家來釐清及深思。

三、倫理問題的對策——大學推動倫理教育的原則與方式

爲了妥善因應倫理問題，應進行倫理教育，推動倫理教育要掌握一些原則，下列四項原則在未來，大學應格外留意：

第一、培育自覺行動者：未來在知識經濟與全球化發展的趨勢下，大學知識人勢必承擔更多的職責，要提昇人的品質，應該要求學生成爲自覺的行動者（Krishnamurti 1995），樹立自我承擔、勇於負責的意識。黃俊傑教授亦認爲心靈的覺醒是專業倫理與道德教育的共同基礎。（黃俊傑二〇〇二）

第二、理論與實踐並重：大學教育的宗旨在培育一個心智成熟，能明辨是非，勇於決行，而無所疑惑的，自立自強的知識分子；因此理論與實踐須並重，以理論指導行動，以行動修正理論。換句話說，所謂「知是行之始，行是知之成」，知行並重，即知即行，惟其「知行合一」，才能造就一個願在事上磨練、肯在行爲上修正調整的積極行動者（錢穆一九七九）。

第三、倫理與科技交融：爲了避免因爲迷信科技而輕忽人文、喪失自我的現象發生；也爲了避免過度的注重專業技能訓練，徒然只訓練出高級物化的「機械人」，

卻忽略能真正地創造科技、使用科技及享用科技。因此，主張倫理與科技交融，也就是說：必須重新省思人與科技間的對待關係，並且重申「尊德性而道問學」的理想；落實在實際的倫理教學中，則是基礎倫理與專業倫理兼顧。事實上，加強綠色科技的教育很容易獲得倫理與科技交融的效果。

第四、尊重個體關懷群體：倫理的行爲興於個人，立於家庭，成於社會；大學的倫理教育基本上是個人、家庭倫理的延申；大學是個自由開放的空間，師生互動的場所，因此所有的個體更宜注重自己的言行舉止，並在應對進退的接物活動之中，陶冶個人的品德，演習各種禮節規範，在課堂與校園之中學習彼此尊重，相互禮讓，「尊賢容眾，嘉善矜不能」；並學習開放的態度，以民胞物與的胸襟關懷社會，培養以社會公眾事務爲己任的社會良心。SARS 流行時護守崗位的醫護人員就是有關懷群體的胸懷。

至於方式，其一是在課程的設計上下工夫，長久以來，倫理學研究比較偏重道德理念、理想、理論的層面，廿世紀後半則開始重視，如何將規範倫理學理論應用於實際的道德問題上。由於科技文明的快速進步發展，新的道德問題也日益翻新，既有的道德規範也面臨重大的挑戰；相應於這種變遷的態勢，倫理課程的規劃，主要分爲倫理學的理論與應用，規劃涵蓋性較廣且較具基礎性的倫理學課程。在理論性課程方面，可開發「規範倫理學」、「實用主義倫理學」、「藝術與倫理」等課程。在應用性課程方面，可開發「生命倫理學」、「倫理與公共事務」、「環境倫理學」、「行動倫理」、「倫理學名著選讀」等課程。課程設計若更進一步，則是倫理教育學程規劃，真正的道德行爲是人在實際與人事物接觸的倫理情境中，具現人所思所行的行爲實踐；而倫理學的首要任務則在對個人與人群的行爲，進行反省、分析、評價與發展道德規範的標準，不僅探索道德思想的合理性，也探索行爲的正當性。學校倫理教育則在上述前提之下，可提供人一套完整的學習批判自我、型塑理念、明是非、別善惡的理論與實踐訓練學程。

另一方式是採實踐的方式，進行不算畢業學分的「倫理實作」，研究倫理實習的可行性，規劃「志願服務（志工）」實作項目，以倡導「人生以服務爲目的」的倫理理想。若有好的教師帶領，這些教師有上迴向的本事，又有下迴向的慈悲（方東美一九八三），師生的互動，將極有益於行動倫理。總之，大學倫理教育的推動，除了學習基礎的道德規範之外，更重視自動自發、積極實踐倫理行動的精神；也就是說，理想的倫理教育「始之於自覺，終之於自得」，旨在喚起倫理行動者，自發而樂於行動的意志，誠敬的待人接物與任事。真正的倫理教育既非「知易行難」，光說不練，只重倫理知識的傳授；也非被要求或要求別人遵行倫理教條，卻不明所以；而是要能激動人的內心、使之充塞昂揚的行動意志，與積極行動的熱情，即行即知，即知即行。

四、結語

基於以上所述，大學應本著過往經驗及未來的期許，以如何提昇人類的品質爲構想，斟酌人類長期的發展方向，統合學院基礎教育與通識教育的發展目標與策略，開發、設計與推動倫理課程與學程；以期落實在倫理與專業科技並重的實際教學活動中，實現培育出未來具有深厚人文素養，基礎實力堅強，能獨立思考、明辨是非，勇於自省、樂於溝通，具有創意發展、整合異同，又有爲有守、敬業樂群，可以獨當一面的知識、科技、管理人才。此外，我們要做到能結合學生生活，以學生社團或運用團結圈、委員會、境教用溶滲的方式強調倫理的重要性，並落實在日常的校園生活中。

韋政通對新倫理的動力有如后的認知（韋政通二〇〇〇）：新倫理的動力來自

知識與觀念，尤其要靠學習新的價值觀念使之內化，持續終身的學習活動，才是激發新倫理動力的主要方法。因此，推動民主與科學的發展，價值與精神的自覺的改造是最基本的工作，傳統的倫理也必將在這樣的自覺改造過程中獲得重建。方東美論述人的生活分有價值意義的與不含價值意義的上下兩層次（方東美一九七八），不含價值意義的爲物質、生理、心理之類生活，含價值意義的生活爲藝術、道德、宗教等之類生活。當提昇人的品質時，其實就是不只考量人的物質、生理、心理生活層次，還要照應到藝術、道德、宗教上層次的生活。不僅如此，下層次的生活其實亦會和上層次的生活有互動關係，本篇文章提到的三種科技發展，主要的變動是物質、生理或心理層次，但亦連動到上層次的道德生活（方東美一九八三），這在本文中已有詳細說明。重建新的上層次的倫理道德規範，自會給新興科技一些指導作用，使其能正向發展而不致盲動而禍及人類。

參考文獻

王立文、孫長祥（二〇〇二）：元智大學倫理教育與專業教育互動之回顧與展望，二十一世紀全球化時代的大學理念與大學教育研討會，廣州中山大學，二〇〇二年十月，頁五五—六二。

黃俊傑（二〇〇二）：〈專業倫理與道德教育的共同基礎：心靈的覺醒〉，《大學通識教育探索：台灣經驗與啓示》，中華民國通識教育學會出版，頁三三—四五。

王立文、胡黃德、簡婉（二〇〇〇）：〈元智大學之專業倫理教學〉，《通識教育季刊》，第七卷第四期，頁五九—七〇。

韋政通（二〇〇〇）：〈倫理與道德問題探索〉，《人是可以這樣活的》，洪葉文化公司，頁二五〇—二七二。

沈清松（一九九六）：〈專業倫理教育的基本概念〉，《通識教育季刊》，第三卷第二期，頁一—一七。

Krishnamurti, J.，（一九九五），《人生．教育．學習》，台北：方智出版社，張南星譯，頁三—一四。

方東美（一九八三）：《原始儒家道家哲學》，台北：黎明文化事業公司，頁二三五—二三九。

方東美（一九八三）：《新儒家哲學十八講》，台北：黎明文化事業公司，頁四二—四三。
錢穆（一九七九），《中國學術思想史論叢》（七），台北：東大圖書公司，頁四五—一二三。
方東美（一九七八）：《方東美演講集》，台北：黎明文化事業公司，頁一八。

談大學教師的通識涵養與終身教育

副校長兼通識教育中心主任 機械系教授 王立文

摘要

什麼樣的教師可以參與通識教育，這問題可以引發兩方面的思維，一是一般大學教師是不是有足夠的通識涵養，另一是如何讓大學教師們有意願從事通識教育工作。

本文以一案例起始，並談及目前在台灣的通識教育生態，論及課程與學會，再說到專業教師與通識教師專業不同處，最後談到教師的終身教育與學習，就在於取得通識與專業的不停的成長與相互之間的動態平衡，如是方能兼顧世俗之成功與生命意義之圓滿。

一、前　言

什麼樣的人可以參與大學通識教育?茲以一案例說明:

W教授是學機械的工程教授,目前在一私立大學擔任第五年的通識教育之單位主管,一方面他有興趣做,另一方面應該還算適任。他在讀大學前,古典小說、演義之類的書,大都看過。那時候他的零用錢還省下來買史記、中國哲學史等書,對文哲書籍可說相當有興趣。不過當時不免亦隨著父母的期望、時代的風氣,往理工科擠,在聯考表現亦不差,進了T大工學院機械系。因爲文哲興趣不減,仍利用時間聽過方東美、陳鼓應等先生的演講,亦正式選修邏輯課程及哲學系林正弘先生所授的語意學。大學畢業之後,服預官役後,在核能研究所從事雷射工作數月,便赴美留學,在美國凱斯西儲大學航空機械系攻讀碩、博士學位。五年後返台於C大航空系任副教授,教授三個科目:熱力學,熱傳學及實驗方法學。四年後,他又赴美至美國NASA從事研究工作兩年。這兩年他除了研究微重力科學,對管理知識亦開始做探討。因喜歡中華文化的生活環境,再度返台至Y工學院機械系擔任第一任系主任,做系主任自然用上一些管理知識,在許多會議中接觸不同的系院的主任或教師，確也有開拓視野的效用。在做機械系主任階段，也認識幾位機械界的名教授，其學識亦相當廣博給他滿深的印象，如中央大學的王國雄、成功大學的顏鴻森，王教授後來做了中央大學工學院的院長，顏教授做了高雄工博館館長。

在Y工學院第四年，W教授接下了訓導長的重擔。爲什麼要做這職位呢？原來他在第三年和幾位教職員赴花蓮慈濟精舍，見到證嚴法師，深受其人格感召，覺得身爲一個人應該爲他人做最佳服務而不是造就自己成一高深莫測的傑出人才。他那時強調服務他人，重視心理輔導。接訓導長一年後，校方又請他擔任通識教學部主任，他正式開始和通識教育結下不解之緣。除了排課，使通識教學部的組織規章健全著實也花費一些功夫，最主要的，他當時提出七育研究室的作法，獲得校方認同，即在活動中心五樓及七樓設下德、智、體、群、美、人文、未來七間研究室。名作家陳之藩恰巧當時來到Y工學院參訪，見到此種狀況，當下讚嘆不已，曾極力推薦MIT畢業之年青學者李教授來Y工學院任教。W教授爲了通識教育走向正確，亦在當時請了李亦園、黃俊傑、林正弘、齊益壽等先生爲諮議委員，定期開會指導。在Y工學院改爲Y大之後，W教授又成爲Y大通識教育中心主任，前後不同之處，原來在通識教學部的教師能夠歸系所的歸系所，只有少數教師留下來成爲中心的教師，許多教師離開通識變成中語、應外、社會系的老師，因爲教師人力驟減，W教授便將原來七育研究室的作法改爲多元智能研究室，創下在台灣以多元智能爲通識教育的重點的第一爲推動者的記錄。數年之後，松竹楊梅等校在通識教育中推動多元智能竟成爲四校在通識方面合作的一個大計畫。W教授在第二度任通識主管時，Y大接受全國大學通識教育的評鑑，獲得全國優良等級。

W教授最近又第三度擔任Y大通識教育中心主任。之前，他亦擔任過Y工學院的教務長及Y大的教務長，其實他最喜歡的工作還是從事通識教育者的推動及寫一些通識領域的論文。他對神秘的信息場有些興趣，曾和台大電機李嗣涔教授做過類似的研究，李教授做了許多創新實驗，W教授則針對這些實驗做了系統思考，發表了一些相當有創意的論文[1,2,3]。最近W教授鑑於社會風氣愈來愈走下坡，發覺倫理教育非常重要，因此捨下對多元智能推動的熱忱，轉向對倫理教育的探討[4,5]，教育部對W教授所提之倫理計畫有些補助，在Y大推展前所未有的倫理教育學程，學務處亦熱心參與將倫理觀念融入於學生的生活輔導之中。倫理教育學程的內涵如下表，目前已通過Y大的教務會議。

類別	課程
1倫理學基礎理論	GS361 倫理學（社會科學領域） LE224 實用主義倫理學（人文藝術領域）
2科技與倫理	GS241 倫理與公共事務（社會科學領域） LS223 生命倫理學（生命科學領域） LS202 自然資源與環境保護（生命科學領域） GN242 網路資源運用與倫理規範(自然科學領域) GN255 工程專業倫理（自然科學領域） GN217 環境保護規劃概論（自然科學領域）
3行動倫理	GS384 禮樂教化與身體教育（人文藝術領域） GS385 文化節慶與空間動作（人文藝術領域）
倫理學基礎理論類課程必選一門 每一大領域必選一門 共十學分	
倫理實作	每週兩小時相關活動參與 共32小時 由課外活動組或通識教育中心認定

表一：Y大倫理教育學程表

W教授是一個平凡的教授，基於興趣，他參與了通識教育的推動，自己亦在其中教了一些選修課，常常亦樂在其中，相信別的領域的教授如果願意又有興趣要參與通識教育，一般來說，障礙是可以消除的，不過要專業教師們願意教授通識課程，反而是有點難度的。

二、對通識教育處境的認識

Y工學院期間與Y大時期通識教育的單位由通識教學部改爲通識教育中心，這其中含有什麼意義呢？原來工學院時期沒有人文社會學院，因此當時相關專長的人都暫居通識教學部，一旦學校慢慢成長，院系變多之後，許多老師都想歸到院系，有自己專業的學生，而不像通識老師，可以說全校的學生都是他們的學生，也可以說都沒有自己的學生。這麼說起來，Y工學院時期，雖然單位內有很多老師，其實通識單位在用老師時仍是用其專長，如中文、英文、日文、社會工作甚至微積分、物理等等。這其中並不表示通識單位中的老師就是有通識涵養的老師，甚至於也不表示他們對通識教育有興趣，各教各的，只不過他們的專長當時沒有系所認領，一旦有系所可以歸依，不少都希望遠走高飛，這其中有些心理因素，就是專業的老師似乎比通識老師較受尊重，就是連學生的心理亦有類似的想法，通識課程是非主流的營養學分，通識老師長期接受不平等的對待，一有機會當然想成爲專業教師。

每一所大學總是有些教師是比較有通識涵養的，但他並不一定歸屬於通識教育中心。當然，如果中心的人數夠多，一定也會有一些通識中心的老師有通識涵養的。比如說Y大現在通識中心就有一位S先生，他是學哲學的，但是目前他對多元智能、身體思維都極有興趣，對藝術亦有相當的愛好，可以說是博學多聞了。只是這樣的教師在整個學校體制下，有沒有得到該有的對待。換言之，專業教師受的鼓勵會不會比較多，生存的比較容易比較好，比方說SCI、SSCI、EI常常被學校當作寫論文的評比，教師高不高明就看你能不能寫出這樣的文章。以這樣的眼光看教師的程度與貢獻，對在通識教書的老師或以通識單位爲歸屬的老師是相對不利的，尤其有通識涵養的老師，他是多元的發展，自然和單向發展花的時間精力是不同的。他若是在某單方面和另一位專業老師差不多，其實他花在整個研究中的心血可能是後者的三倍以上，因此外界對他的肯定常和他下的苦功是不成比例的。好在這一類的教師大都有「古之學者爲己」之風範，不一定要求別人欣賞或了解。

關於課程方面，各校在規劃通識課程所給予的學分數不一，但都不算多，平均約在三十學分(含中、英文、史、憲)左右、都想付與相當多的任務與理想，達成目的之困難度事實上非常高。大學通識課程規劃的大原則是大多由全校性的通識共通教育委員會在政策面做指導，至於課程規劃的細節則在通識教育中心的課程委員會做充分的討論。對課程規劃的責任歸屬越明確越好，有些老師率性的開一些課程希望納入爲通識課程，負責單位或許不願意得罪他人，審核不夠嚴謹，常使魚目混珠，讓一些不良品(不應該出現的課程或內容)出現在課程的安排中。目前，通識課程的確定與範圍其實尙免不了一些主觀的看法，體育、軍訓、普物、普化、微積分、電子計算機概論究竟算不算通識，各校在認定上仍有差距。許多學校的中、英文、史、憲學分就佔去通識總學分的一半以上，未來比例是否會降低，值得觀察。有學校推崇知名教授演講式的集錦課程，這種作法的優點是讓學校重視通識，亦讓外界重視該校，另外最大的好處應該是讓青年學子直接感受「偉大」的心靈，缺點是著名的教授都比較難請的動，而且可能身價也比較高，要想長久保持這樣的課持續不墜，不容易，一方面經費較高，另一方面聯絡亦費時，長期這樣做在行政和經費上有些吃力。我們若以系統動態圖：圖一來分析通識教育課程，可以整理出一些抑制(不利)因素，如學校從成本考量，專業的抗議，沒有近利，不經意的安排造成浮濫的營養學分，也可以整理出一些成長(有利)因素，如學生的需求，學校的需求和精心的規劃，當成長因素大於抑制因素，通識課程就蓬勃發展；反之，則會消減不振。

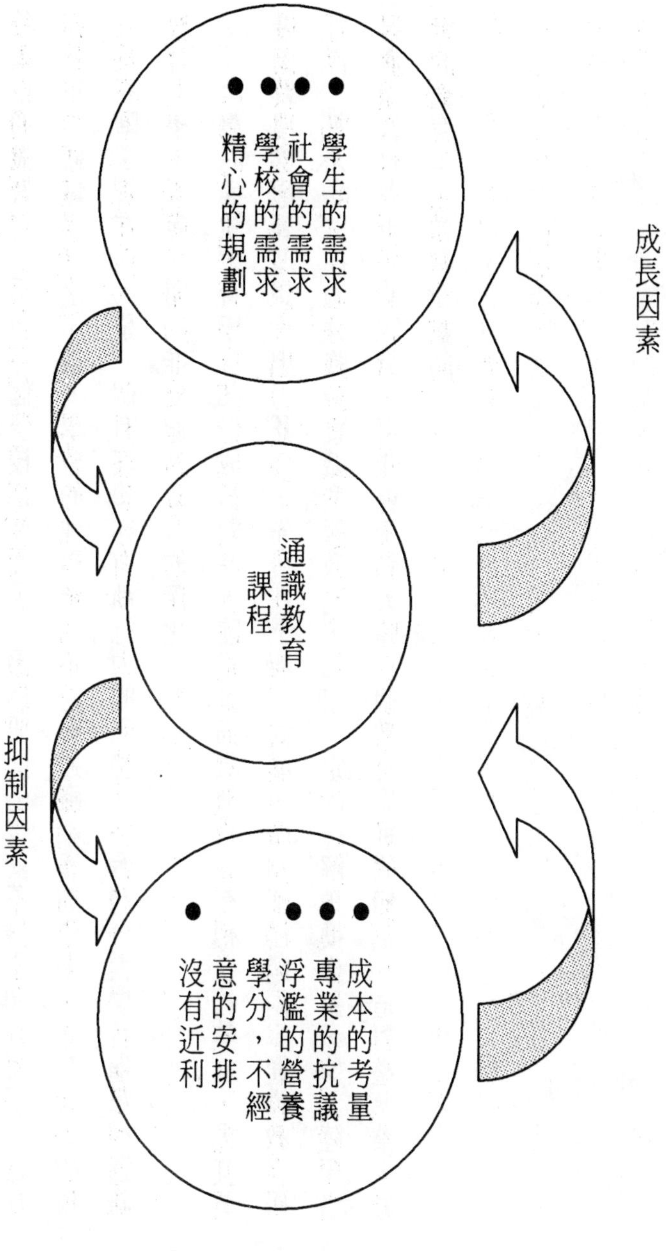

圖一：通識教育課程之成長及抑制的系統動態圖

至於校外環境，通識教育學會近幾年來已對在各大學推動通識教育起了一定程度的作用，以往有些學校非常漠視通識教育，經過學會做了一次全國大學的通識教育評鑑，並訂出等級，雖不免有些微詞，但整體而言，台灣的各大學確實都開始比較重視通識教育，畢竟每個學校都要面子，因爲要面子也就不得不顧些裏子，這樣亦就正中通識學者之下懷。學會的理事會內不乏有通識涵養的學者，亦有大學的校長及高階主管在內，是一個有理想亦有執行力的團體。在台灣各大學普遍重視通識教育之後，學會又開始推動通識教育的深化。

台灣的通識教育學會部份成員對在大陸推動通識教育亦有相當的熱忱，尤其黃俊傑教授懷抱著理想，出力甚多，先後在上海、武漢、廣州都辦過兩岸通識教育研討會。對大陸以往過分強調意識型態教育，起了一定的紓解轉換作用，使大陸學者對通識教育有更新的認識，可能會牽動大陸整個教育思維的變化，這對整個華人社會的教育是相當有貢獻的。

三、專業教師與通識博雅教師的相異處

仔細觀察專業教師和通識博雅教師在許多地方是不同的：一個傑出的專業教師其基本信念是人要有絕活（學問），才能成功；通識博雅之師則以爲人要做全人才有意義。傑出的專業教師對某方面的學問特別敏感及有興趣，其他方面則淡然漠視沒興趣，專業方面的學問之前因後果搞得很清楚，非專業部分則大都外行；通識博雅之師則對各種學問都想接觸和做適度的了解，對一複雜事件的前因後果能具有系統觀，各領域的學問有一定程度的認識。

在行動方面，通識博雅之師較喜歡接觸不同領域的人，願意接受多方面的訊息和看法，喜歡多采多姿的多元世界，能用多元的角度看事情做決策；專業傑出的教師喜歡接觸幾乎同樣或相關專長的人，不大願意接觸不同領域（換言之，不相干）的人，只喜歡接受與其專長相關的訊息，無視於多采多姿的世界，只愛探討某類事件並以特定的角度看事情做決策。

總之，專業傑出的教授有著專業的絕活，有單向的興趣，易成功，不過在人生觀上，過於狹隘，甚至於固執不通。至於通識博雅之師，通常有涵養，有多元的興

趣，有系統觀，不過有時過於發散，不夠專精而爲某些人所詬病。

教育部、國科會在獎勵方面，多多少少也是重專業輕通識，鼓勵教師多提專業計畫，多寫專業論文，多參加專業研討會，強調 SCI、SSCI、EI，在在皆鼓勵教師專精至上，從另一個角度看，就是使教師通識化的障礙增多了，正應了「今之學者爲人」這句話，今之學者常常是爲別人做學問的，強調競爭力，看書不再是怡情養性，而成互拼高下的手段。不過想成爲有通識涵養的老師，要敢於逆流而行，也應該知道有些事情或作爲可以有幫助涵養的，除了研讀經典鉅著外，結交博學鴻儒，出國參訪，參加不同學問的學術研討會，參與全校行政管理工作，參加社區藝文活動都有幫助於開拓視野，走出專業象牙塔。至於一位專業的傑出教師可不可能亦具有通識的涵養，理論上不是不可能，只是這樣的人要有天份又要相當努力才能達成，不過天下無難事，只怕有心人。茲以圖二表達出兩種基本類型的大學教師：專業教師與通識博雅教師。

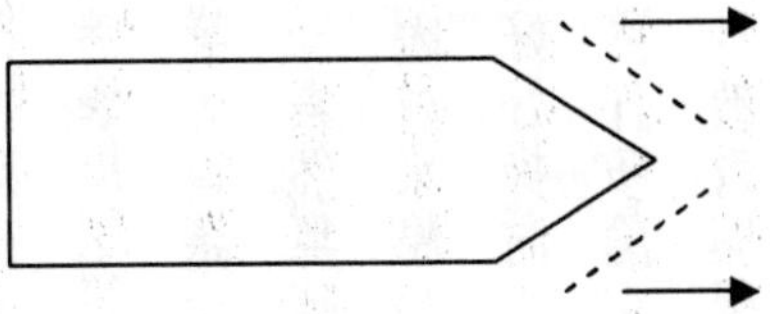

a. 單項發展的專業教師

專業成功，人生偏頗

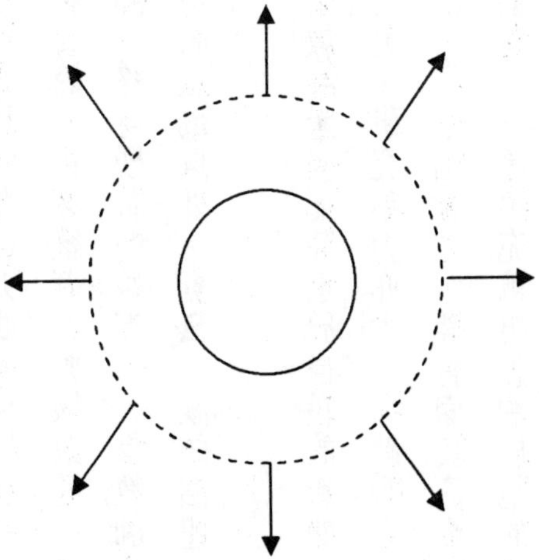

b. 全方位發展的通識教師

品學兼備，事業平平

圖二：兩種基本類型的大學教師

四、結論

W教授最先在C大任副教授，課餘之暇，他還喜歡做學生，亦曾去學一些團體開的課程，如英文、商業管理。到了Y大擔任教授，他亦去學了繪畫與瑜珈、氣功等課，他積極培養語文素養與文化素養。其實尚有兩個素養在未來的時代亦非常重要：一是生態環境素養，另一是生命科學素養⁶，終身教育在這方面亦可以著墨。偶而，W教授亦接受校外的邀請談生涯規劃、情緒智商、領導統御、組織改造、通識教育及佛學思想等等，教學相長，亦是身爲教師，終身學習的妙方。大學教師若太鎖定專業，會讓一般人感覺到一位教授除了專精的領域以外，竟無可談的話題，而被視爲一索然無味的人。

學生因課業壓力自殺已不是新聞，最近有大學教師過勞死甚至於自殺的新聞，其實也該好好探討其中的因素，大學教師升等壓力大，研究壓力亦大，名教師拿許多計畫，寫許多論文，不具名聲的教師拿不到計畫，寫不出論文，都會處於高壓力之下。終身教育與學習實際上有兩種功能，不可偏廢：一是再充電再加油於他的專業領域，另一則是轉換與調劑使其多元化。一個有通識涵養的教師可以因爲現實環境的需求，藉著終身教育，加強一下某領域的專業；對於一個專業傑出的教師亦可藉著終身教育，展開多元的觸角，不要讓生命枯索而僅僅暴露於強大的壓力之下。如是看來，大學教師的專業和通識涵養都可藉著適當之終身教育與學習而獲得提昇滋長。換言之，大學教師之終身教育與學習為了能兼顧世俗之成功與生命意義之圓滿，要在通識與專業皆能不斷的成長狀況下，亦照顧到兩者相互之間的動態平衡。

參考文獻

1 王立文，從網路概念看精神宇宙的結構，佛學與科學期刊二卷一期，二〇〇一年一月。

2 王立文，信息場的競存演化說，佛學與科學期刊三卷一期，二〇〇二年一月。

3 王立文，從網路之電子郵件看信息場之溝通模式，佛學與科學期刊四卷一期，二〇〇三年一月。

4 王立文、孫長祥，元智大學之倫理教育與專業教育互動之回顧與展望，二十一世紀全球化時代的大學理念與大學教育研討會，廣州大學，二〇〇二年十月。

5 王立文、孫長祥，倫理與現代科技相互影響之探討與對策，倫理與身體思維學術研討會，元智大學，二〇〇三年八月。

6 黃俊傑，大學通識教育與基礎教育的深化：理念、策略與方法，第十一屆全國通識教育教師研習會，大葉大學，二〇〇三年十一月。

全球化時代中大學人文教育的新理念

——元智通識「提昇大學基礎教育計劃」執行的省思

通識教育中心副教授　孫長祥
副校長兼通識教育中心主任教授王立文

摘　要

本論文主要以元智大學規劃與執行「提昇大學基礎教育計劃」的經驗爲基礎，反省與探討在全球化時代中理想的大學人文教育新理念的主要意涵。全文主要分成三部分，一、前言：綜合反省說明全球化時代所面臨的時代挑戰與課題，以及未來可能發展的方向，並提出新時代所需要的大學人才特質。二、全球化時代中大學人文教育的新理念：下分爲二段：㈠新時代的元智興學理念與「提昇大學基礎教育計劃」；㈡以人本爲基調的動態建構。三、結論：通識教育與終身學習的「成人之教」。

一、前　言

㈠信息社會、全球化、知識經濟時代的到來

若要對二十一世紀人類所面臨的重大處境加以考察，以便前瞻未來，思考人類的出路，那麼當前有幾個既存的重要現象値得我們特別注意：

第一、廿世紀的科學發展獲得了長足的進步，新興的「相對論和量子力學、物質結構理論、分子生物學，以及對生命過程的新理解，已經永遠改變了我們看待周圍世界的方式，同時也不可逆轉的建立了探索世界的理性模式，以及科學方法的精緻成份。」[1] 而科學的成果運用在技術上更產生了顯著的效益，改善了人類全體的生活。尤其是廿世紀後半葉積體電路、電子晶片技術的成熟，使得人類處理信息的能力大幅提高，電腦資訊化的時代屆臨，更標誌著人類社會已然進入了「信息社會」。

第二、由於交通與電腦網路的聯結，全世界較諸以往更緊密的聯結與互動，時

1 〔美〕保羅·庫爾茲編，蕭峰等譯，《二十一世紀的人道主義》（北京：東方出版社，一九九八），頁二一。

空的因素已不再是人與人、國與國之間最大的隔閡，全球儼然成爲彼此關聯、相依互賴的一個整體地球村。更重要的意義是人際交往的可能性增加、各種概念頻繁的交換、不同的價值系統相互激盪、科技經濟的普及流通等等，各地球村的成員在彼此交換訊息、相互模仿中學習，也產生了彼此的摩擦、衝突，引發了全球日益高張的競爭態勢；學術界分別從各自的立場觀察與反思這種現象，形成了所謂「全球化」的議題。[2]

第三、由於AI人工智能技術的日益成熟，而被開發與嘗試運用到資訊、電腦、生物技術、材料科學和高科技電子產業，也應用在商業化產品的大量生產上，甚至滲透到人類交換性活動的各種經濟事務之中。換句話說，AI人工智能已經開始拓展並廣泛的使用在各式各樣的人工產製品之中，誰擁有開發、創新智能的知識技術與知識生產力，便能在世界各國競爭的態勢中取得領先的優勢，促成了所謂以「知識經濟」（the knowledge based economy）爲主的人工智能產業時代的到來。

（二）「智能、知識、技術」的基礎要求與終身學習

2 參考孫長祥，〈知識分子與文化關懷〉（收錄於佛光人文社會學院中國哲學研究中心與開南管理學院公共事務管理學系共同舉辦「社區營造與知識分子的關懷」學術研討會論文集）頁一。

在以上簡述的三種時代趨勢籠罩之下，或許可以說，當前的人類已經意識到我們身處在一個「信息社會、全球化、知識經濟」促動的嶄新情勢下，人類已然走到一個歷史變化的轉捩點上。一切新異事物的變遷、更新、汰換的速率加快，致使人類長久以來所秉持的認知態度、概念系統、價值理念、行動方式等，在新時代情勢的衝擊下，也面臨到必須隨時修正、調整、更新，以適應時代的強大壓力。從產業界到學術界，有識之士莫不希望針對這三種時代趨勢的重大特徵，綢繆未來可能的發展趨勢，而大聲疾呼：必須立基於人的「多元智能、專業知識、實用技術」，秉持現實的原則，由知識、技能、經濟變革的角度爲切入點；對已投入職場的人力資源進行在職的再學習、再教育、再培訓（learning-by-doing），以便助其在實際遭遇問題、解決問題的過程中，能適時、適切的在改進中出陳推新、尋求發展。對尚未進入職場的人力資源，則希望從各級學校教育的根本上，審愼規劃與設計：開發學習者的多元智能、提高學習者的思考與行動能力，重新塑造具有堅實的知識基礎，有紮實的實踐技能，而在未來足以從容應變、懂得推廣與運用知識技能，並能持續增長知識、不斷接受再教育、改進技能的優秀人力資源。

換句話說，處在「信息社會、全球化、知識經濟」的時代裡，許多人都已經深刻體認到「在技術創新、經濟重構和競爭日趨激烈的背景下，技能與資格的提高和更新對經濟發展和競爭力非常重要。因此，我們必須不斷地調整技能、拓寬資格、創造出新的終身學習的方法和途徑。」[3]爲了達成這個目標，必須評估傳統的教育目標與方式，創造整合「智能、知識、技能」的新知識，倡導學習組織與系統思考，以有效提升學習者的學習速度、才能，改進思想模式，並且能夠在實踐的行動中作出最佳的判斷與選擇，以因應日益翻新的種種問題。而這些便是在二十一世紀我們所需要的培育人才的大方向。

（三）國內大學教育政策的方向與指標

教育部 2001 年公布的《大學教育政策白皮書》中提到，二十一世紀是知識經濟的時代，大學教育的成敗，將是決定國家競爭力的主要關鍵。因此檢討國內大學教育現況的優劣得失，從整體政策上擬訂大學教育發展的八大策略：一、研訂中長期發展計劃；二、推動大學自我定位發展彈性；三、總量管制與質的提昇；四、資源籌措與合理分配；五、法制化大學運作機制；六、強化國際競爭力；七、加強大學與社會互動；八、推動客觀公正的大學評鑑。期望實現七大願景：一、建立開放競

3 引文見〔美〕Dale Neef 主編，樊春良、冷民等譯，《知識經濟》（珠海：珠海出版社，一九九八）頁三二四。

爭的教育機會；二、強化大學自主的運作機制；三、建立彈性人力培育管道；四、加強科技人才的培育、延攬與運用；五、擴增成人回流參與高等教育的機會；六、調整教育資源的分配與運用；七、追求大學之學術卓越發展。[4]而近十年來教育部更是不遺餘力的陸續推出「學術追求卓越發展計劃」「提昇基礎教育計劃」「大學總量展審查」等等方案，目的即在掌握時勢的走向，因應現實的變遷，希望藉由各種方案的推動，發揮積極而正面的功效，提高大學生的素質，培育國家未來競爭發展的人才。

二、全球化時代中大學人文教育的新理念

（一）新時代的元智興學理念與「提昇大學基礎教育計劃」

元智大學是所年輕的大學充滿了旺盛的企圖心，一向以追求卓越爲目標，因此相當注重時勢的動態發展與掌握，並據此規劃與釐訂整體校務發展的目標，研擬具

4 參考二〇〇一、十二教育部高教司出版，《大學教育政策白皮書》（摘要）—我國大學教育問題分析、大學教育發展策略、未來展望，http//www high edu tw/hiedu www/html internet/white paper/conten4 main.htm；http//www high edu tw/hiedu www/html internet/white paper/conten5 main.htm；http//www high edu tw/hiedu www/html internet/white paper/conten6 main.htm。

體可行的策略，並落實在各單位人員的執行與教學行動上。爲能及時與彈性的回應各項教育市場的需求，各項行動方案在執行一段期間之後，定期的審慎檢討與評估，以爲改進行動、調整策略、修正目標的依據。換言之，經過十餘年孜孜矻矻的經營，元智大學盱衡當前主客觀環境、未來國家社會需要、世界發展趨勢，以「卓越、務實、宏觀、圓融」的教育理念爲宗旨，訂定以建立「一、科技與人文融匯之校園文化，二、知識與智慧並重之人才培育，三、理論與實務兼顧之研發建教，四、品質與創新結合之行政管理」的校務中程發展總策略，積極推動綠色科技（Green Technology）及資訊社會(e-Life)的發展特色；期望達成具有人文化、國際化、資訊化、多元化、適域化之亞洲新大學典範的目標。[5]

爲配合行政院「教育改革行動方案」，以及教育部與國科會共同推動「大學學術追求卓越發展計劃」的基礎建設，以提昇大學基礎教育的宗旨；本校通識教育中心特別依照元智中程發展的總策略，參照元智大學通識教育中心歷任主任：王立文、仲崇親、謝登旺等教授所設計規劃：開發多元智能、著重全人教育，培育未來具有深厚人文素養的知識、科技、管理領袖人才等長期發展理想的通識教育理念，擬定

5 參考《元智大學九十學年度校務發展規劃會議參考資料》，頁一〇。

「整合人文社會學科的基礎課程(含學程)規劃與教學實驗」的計劃；全面檢討並選擇人文社會學科領域中最重要而具基礎性意義的課程，研究其彼此間的相互關聯性及整合的可能性，以期落實在通識的實際課程中，滿足「信息社會、全球化、知識經濟」時代中，培育人才所亟需的基礎性、整合性、多元性需求。

希望經由本計劃施行：(1)重新探討與規劃能達成具有前瞻性、國際性，整合人文社會學科的基礎課程設計，並探索足資樹立具有元智人文精神特色的共同基本信念與行動理念；(2)探討整合人文社會學科的理論模式、應用方法與工具；(3)具體規劃人文社會基礎課程的科目、內容與配套學程，並設立學習與討論的網站；(4)落實在實際教學中的教學方法實驗、問題與改進策略，以及評價等的研究。以期經由整合性人文社會學科基礎課程的理論、實務、成效評比等在元智大學的施行，提昇元智大學整體的人文建設，並嘗試建立可供學術界參考的整合人文社會學科、提昇大學基礎教育與通識教育的一個模式或範例。

（二）以人本爲基調的動態建構

1.「以人爲本」的基礎通識教育意涵

之所以有如此構想的計劃，主要根據一個認知：不論世界的情勢如何變遷，資訊科技科技如何進步，面對挑戰，權衡利弊，從容應對的，終究是「行之者在人」；真正創造科技、使用科技、享用科技的，仍然在人本身如何正確的去對待科技的態度上。換句話說，不論時勢如何變遷，歸根究柢真正認知、行動、運用科技的主體，還在於人本身這個事實，不因科學、技術的進步變化而有所不同，「以人爲本」仍然是新時代教育的重點所在。儘管新時代所需求知識、技術的質與量較諸傳統有更嚴格的標準，而這些需求畢竟還是屬於人的知識、人的技術，屬於人的一種素質；「提昇大學基礎教育計劃」，便是要從高等教育的基礎上，提昇人的高等品質。在「信息社會、全球化、知識經濟」的時代裡，高質量的知識與技術，已經不再是傳統大學菁英教育人才的特權，而是新時代人人必備的一種基礎能力與謀生條件，這也就是大學從傳統的菁英教育轉變爲大眾化教育的重大原因。

在這種形勢之下，「以人爲本」的通識教育便成爲在大學教育的體系中，扮演重要的基礎性、整合性教育的角色。在這個意義下，所謂的通識教育並非意味只是教導人人所必須擁有的普通常識（common sense）而已，新時代的通識教育主要包含了兩層重大的意涵。或以爲通識教育即傳統所謂的博雅教育或”解放教育“（liberal education ），其實意思稍近而又有不同之處：傳統的博雅教育主要依據一種普遍原理，著眼於將無知識的人訓練爲有知識的人，凡是接受這種教育的人便能較一般人更具有理性思考、語言表達的能力，成爲一個有知識、有學問的博雅菁英人士。如果說現代的通識教育是一種 liberal education，則是意謂能以理性清晰思考、能用語言完善表達，只是人人必備的一種基本能力，而非一種知識特權的擁有者；更重要的意義則意謂作爲 liberal education 的通識教育，在幫助學習者「解蔽」——無論是個人的秉賦、習慣、成見，或群體的語言、交接、學習、權威崇拜等等，從人類本身或群體的限制中掙脫出來；能開發自己的多元智能、激發人的潛能，讓人能夠從自我錮閉的束縛狀態中解放出來，重新獲取學習的與行動的自由、無拘無束的、率性的追求人本身的發展。

「以人爲本」現代通識教育的另一個意涵，基本上認爲通識教育是一種 **general education**：意謂在知識爆炸與不斷增長的時代，知識已經走上了多元化、專門化、分工化、具體化的道路，一個人不可能普遍的理解所有人類的知識，而只能是一種「概括」的理解，學習了其中部分的、專門的知識並非即擁有了人類所有的知識。因此，當面對知識時，我們必須學習的謙虛態度，承認自身的無知與不足，也必須充分的體認到自己所知、所學、所具備的知識在人類全體知識中的位置、與其他部門知識的相關性；也就是說必須明白自己專長的知識，在人類全體知識脈絡中的位置，從而自我定位、知己知彼，才能夠在彼此尊重相互諒解的基點上，與他人互補不足、相互協調、共同分工合作，以解決複雜多變的問題。總之，以 general education 爲通識教育的意涵，強調人必須以更廣闊的視野、更寬容的心胸，尊重與接納各式各樣與自己所知所學不同的專業知識領域、知識人；必須了解新時代知識問題的複雜性，而體認到知識的轉移、知識的交互融匯、知識本身的力量，是創造新社會、新價值的力量泉源。在這種意義下通識教育的主要功能，即在提供學習者有機會去接觸與認識，所有人類可能知識中各領域、各學門的系統性、專業性知識的類型、訊息與學習管道；提供各種可供選擇、整合、激發想像的機會性知識，讓學習者能評估一己的能力，並以一己的所長爲核心，整合信息、自我配套、增強技能，以便未來能靈活的運用在臨事的作爲上，並暢通終身永續再學習的通道。而所有的這些都必須由人主動積極的去不斷學習，需知知行的動因在人，事功的完成卻在個人之外的所人類事務之中。

總而言之，「以人爲本」的通識教育，包含了兩個面向：一是內在的，以開發人的多元智能爲主，讓人了解自己的向度與限度，在向度上求創意拓展，在限度上則追求突破的可能，以開拓自我嶄新的領域。二是向外的：以自身爲核心，向外擷取各種信息，由批判性的選擇、揚棄，納入自我的認知與行動系統，以不斷增長自我的知識、技能，而能運用自如的在行動中證明自己、完成各種人的事功。而向外的又奠基於向內的，內外其實是一貫而相關聯的，以下即以向內的意涵爲主說明全球化時代中大學人文教育的新理念。

2.思想、語言、行動、歷史——人本核心的四個面向

依據元智大學通識教育理念的構想，不論時勢如何的變遷，標榜培育知識人、科技人、管理領袖人才的基礎，首在開發人的多元智能，唯有先造就自己成爲一個健全而完整的人——簡稱爲「成人」，才能論及其他人的品質特徵。從“如何開發人的多元智能，造就自己成爲一個健全而完整的全人”教育觀點反省：每一個完整人的活動，都具有身體、思想、語言、行動與歷史的成分存在，不可分割也不可蓄意忽略，而所有人的活動也都必須回歸到人自身來幫助人實現自己。人文教育的基點在人身心多元智能的開發，唯有先以人爲核心，啓發與訓練人內在秉賦的多元智能，然後再以此核心向外輻射到各學習者的專業領域，才造就出專業人。換句話說，不論想成爲具備什麼樣專業特徵的人，並非天生即是那種人，而是「先成爲一個人，

當他做到了某件事功、德行，才成爲那種人」。基於這種構想，元智對人文素養培訓的計劃，分成思想、語言、行動、歷史四個面向：

(1)思想面向

廿世紀以來的哲學、科學各領域蓬勃發展，尤其在現象學運動、語言分析、心靈哲學、認知心理學、人工智慧、人體生理以及新興的認知科學等等知識研究領域的興盛下，人對自身思想活動真象的理解，不再以爲思想只是隱藏不可見之「心」的活動，而是「心－腦」、「身－心」的協作、並重的活動。傳統人類以玄想自身的方法去構想世界的方式，被科學系統性認知的方法所取代，當代的人類以科學方式構想自己，並以這種理解設計、製造各種具有人工知能科技產品；因此人也必須走出傳統不加批判便接受神祕心靈實體學說的猜測、擺脫身心二元割裂信念的籠絡，而與當代對心理智能動態思考活動的看法接軌，與各種學科知識銜接。由此觀點而言，加入人工智能的科技是「人的科技」，而相對的人也必須去學習操作、使用科技以增長人的智能，而人因此成爲「科技人」。

換句話說，無論是「科技人」或「人的科技」，意味著科技與人相互依存的真相；科學、科技不是人的敵人，而是人對自己，對自然探索性思考的成果與產物。

大體而言，人對自己與自然探索性思考的基本問題，厥在返回到自身發問「人能知道什麼？人應該做些什麼？人能期望什麼？」並在問題追索的過程中，形成一種對人生、宇宙、價值等，系統而整體解釋的理念，並據此從事行動的選擇，當人完成了這些之後，人才是什麼。這種以人爲主，去探索與思考人自身、自然與超越界所形成的知識領域包含哲學、科學、宗教三大類型。也就是說，人文的領域應該包含人所去思考的所有對象，以及所形成的三大類型知識；雖說自然科學在近代學科分界的概念下，被析出在人文領域之外，然而從人文活動的立場考量，人也必須採納科學的成果，在實際的人生日用中加以應用，而成爲人文化的自然科學。

在重新建構「以人爲本」的人文教育時，首要之務當重視思想的層面，對當代種種有關思想活動研究的理論學說加以整合，重新設計立基在當代有關心靈思考的科學成就之上，介紹人的多元智能、思想活動系列基礎課程；以作爲人據此理解自己、發展自己、拓展認知、增強學習、選擇行動的基礎訓練，更希望能推廣應用在所有知識的學習活動中。其次，在規劃整合性課程時，爲了顧及思想對象與內容的全面整體特性，必須將哲學、科學、宗教視爲人類認知與解決問題，所形成的世界圖式、認知類型看待，納入型塑人文價值理念的課程規劃中。這便是新時代人文教育首當注重的「思想」面向的意涵。

(2)語言面向

人存在的特色之一，便是具有語言智能。透過語言的核心操作，人可以在口頭上自由的運用語言傳知表意；使用語言作爲工具，人可以去記憶大量的訊息；經由語言的解釋功能，人可以對周遭的世界建立一套理想的聯結，教導他人並發展出對世界的更完善的聯繫；更重要的是，語言還能解釋語言的活動與能力，而作爲一種了解自己與學習建構世界的智能。如果廣義的了解語言的操作與活動特性，甚至可以說，在所有的知識系統中，莫不是經由語言符號化的表現，人才得以在世界中與他人、與外物、與世界中所有的存有物產生接觸，傳遞知識與訊息，進而創造文化，發展文明，使人類在因襲損益中保存文化、延續生命。站在如何訓練人成爲完整全人的立場而論，語言是人類溝通與學習的最主要工具，經由語言學習各種知識，可以避免人在無知中的浪擲生命，並超越直接經驗，以避免無謂的探索。基於這個觀點，實有必要以語言作爲人文社會與通識教育，甚至所有知識領域的基礎訓練。

基於這個理念理念，對現行人文社會與通識課程中有關語言性課程，加以通盤檢討，區分出最必要的基礎訓練項目，重新整合歸納，並加以層級排列，做合理的規劃，希望能將作爲人類認知基礎的語言學科，與人文社會學科以及認知、歷史、音樂、藝術、思想、教育、資訊等領域相結合，設計出一套既實用又富有知識性意義的語言性課程與學程，使之有別於一般零散而無系統性的通識選修課程，提供學習者一個可以理解人文，甚至跨出人文領域而與其他學門領域知識相結合的基礎課程群。

(3)行動面向

通識人文教育的理想固然著重個體人所具備多元智能的開發、啓迪內在才能、形塑端正品格，但更重要的是強調人是在情境中存在的、具備實踐行動能力的活生生個體；如何訓練與開發有血有肉，有感覺能思考的活生生肉體，使人能隨心所欲的向人所生存的情境開放，去感知外界，也與在共同生存情境中的人、事、物互動；並在與外物不斷互動的行動中，建立起有意義的關聯，認知自己也認知世界，而在不斷的實踐、調整、改造行動中，成就人之所以爲人的存在價值，並型塑文化類型。其實在多元智能的理念下，身體動覺智能、人際智能等，與其他智能並列、毫無偏倚，都被視爲是做爲一個全人應該具備的「智能」，也都呈現了人類的某種認知方式；所強調的無非是看重人以身體爲本，如何就人所具有的行動「智能」，以「行動」的方式，走出自我、朝向人群、投身社會。

在中西方的人文教育傳統中，一向都看重「知行」的問題，事實上「知行」只是一個全人完整”行動“的歷程性表現，這種歷程不論是由知而行——「知一行」，或由行而知——「行一知」，莫不是匯聚在人本身，經由人內在主觀的思維、認知、學習，而以身體操作的方式具體體現出來，並真實的參與到社會、文化的生活之中，因而推動社會文化的發展與進步。當代以來隨著生物學、人體生理學、生命科學、心靈哲學、知覺現象學、知識社會學、社會交往行動理論、以及各種與身體有關藝術、體育理論等等學說或理論領域的鑽研與探討，益發肯定所有的研究理論必須整合到人本身；再以人爲中心向各個方向輻射出去，而表現出多種的樣態，在知識社會中行動的技能被提昇到更高的位階。

人文教育的理想不是徒託空言，而是回歸到身體力行，理想的大學人文通識課程的設計上，應該考慮動的身體面向，讓大家了解身體爲行動之本，不只是告知學習者我身體上有什麼，而該教導大家反省認知，我有這些的意義是什麼？我能由此如何發展或表現我自己？如何與他人、與社會互動？在現有的身體狀況下，我還能怎樣改進、調整作出最好的表現，並推動整體人群、社會的和諧互動？這些便是實踐人文理想具體而真實的起點。

(4)歷史面向

長久以來歷史被認爲是人文學科的核心，要培養具有深厚人文素養之科技人材，歷史學科的知識與學養應該視爲培育的重心所在。歷史在中國傳統的看法中，一向被認爲是一門經世致用的學問；是一種寓褒貶、別善惡的事例訓示，「以史爲鑑，可以知得失」，歷史的教育可以令人興起人改過向善的意志，而不重蹈歷史的覆轍。從思維的立場而言，歷史不僅止於過去事件記載的文獻資料而已，而是藉諸過去，垂示未來，讓人以過去的歷史經驗爲範本，面對現在、預測未來。換句話說，我們以歷史性的思想爲依憑、爲參考，了解現在、謹慎選擇，成爲我具體行動時的對照。而這種意義的歷史，不僅是人文學科所需的，在其他領域也有其必要性。

所有的學科都有各該學科的歷史，各學科的發展，也因爲有各學科錯誤的過去的歷史性記錄，而讓繼起的研究者避開錯誤，或在檢討錯誤中謀求改進，尋求發展。總之歷史這門學科，不但橫跨人文與社會學科兩個領域，而且也與近代科技的發展息息相關。事實上，由十九世紀末開始，歷史究竟是屬於是科學或藝術，便一直引起學術界的爭論；自二十世紀初以來，受科學話語的影響，歷史一直以強調其客觀性，而處身在社會科學中自炫；但在最近二十年來，由於後現代史學的興起，歷史著重的是解釋，又儼然成爲人文學科的一部分。以後「後現代」而言，歷史實際上是橫跨人文及科學兩個領域，故要整合人文與社會學科，或進一步談及在科學世界中人類所能扮演的角色，歷史學科的功能自不容輕忽。

尤其是如果要了解近年來全球化的趨勢，無論經濟、政治、以至教育各領域都不能不注意這種趨勢的歷史演變意義，其他如知識經濟、信息社會、科技發展等等的歷史發展，也都具有相同的歷史功能意義。爲了加強學生對現實趨勢了解的深度、廣度與敏感度，必須從歷史的角度，提供學生一個認知過去、思考應對之道的參考，以避免在面對問題時毫無頭緒，而手足失措。換句話說，在快速變遷與發展的時代中，歷史仍是學習中，不可或缺的一個學習的重要環節。

所謂「前事不忘，後事之師」，通識人文教育的規劃，必須包含歷史的知識，知識濟的時代講求創新，而創新必須相較於歷史知有所謂的創新，也意味著改寫了歷史。爲了使歷史性課程能成爲真正可專業性支援各人社領域發展的可搭配知識，理想的設計必須完成。完成主題化歷史課程的規劃，讓學習者能自由選擇搭配，了解現勢的來龍去脈。總之，作爲通識人文教育的理想歷史，必須讓歷史成爲「活的歷史」，使歷史不再只是過去事件的記憶，而是反省過去，策劃未來，了解現實，自我選擇、自我調整的活知識。透過整體性的、前瞻性的歷史性基礎課程設計與規劃，使學習者爲全球化、知識經濟化奠定良好的歷史知識背景。

三、結　論

以上即爲「以人爲本」，從「如何開發人的多元智能，造就自己成爲一個健全而完整的全人」教育觀點反省，提出每一個完整個體、身體的活動所不可或缺的「思想、語言、行動與歷史」等四個面向，說明元智規劃與執行教育部「提昇大學基礎教育計劃」——「整合人文社會學科的基礎課程（含學程）規劃與教學實驗」時，所秉持對人文教育的理念主要意涵。當然以上的說明，並未全面檢討的闡述人文理念與人文教育的意涵；礙於篇幅也未進一步舉出實例，說明在執行與推動計劃過程中，所遭遇的挫折與困難。計劃執行已進入了第三年，可以斷言的是這些理念與課程的規劃與設計，並非陳義過高，而是確實具有相當高的可行性，只不過在執行技巧上還保有相當大的可調整空間。

總體而言，從時勢的發展走向看來「多元智能、專業知識、實用技術」，仍然是大勢所趨，也是通識教育必須改進穩健發展的方向；在「信息社會、全球化、知識經濟」時勢與問題的驅動下，人的素質要求普遍的提高，相對的因應策略則必須更積極的開發人的多元智能；知識經濟挑動的知識變革、知識管理、知識轉移和知識給予知識力量以創造新的社會、新的價值與效益，使得爲了完成任何事情，都必須具有高度專門化的相關知識，相對的學習者也必須在工作中不斷的學習，以致於終身學習；知識的學習又必須與具體而實際的工作密切結合，高度複雜的科技，需要更高層次的知識與技術，以便能應付與解決隨時突發的問題狀況。人如何調適自己、靈活應變、能夠接受再教育、再訓練，越發顯得重要，換言之，人的問題、人的提昇、人的培訓仍然是新時代中最急迫、最棘手的問題。從廣義的角度而言，人文的關懷：對自身的處境、對人群的互動、對自己生活社區環境與人物、對人類生存地球的關懷的本質，意味著對所有屬人的人事物的關懷，即使在最新的時代中仍具有普遍的人文性意義。

當然在推動通識教育與人文理念的計劃時，仍然可以發現到有些學生與社會人士，還存在著保守固執與抗拒學習的心態，未能及時的調整步伐與心態；只是模糊的感受而非清楚的意識到時勢問題的嚴峻性，輕通識貶人文，不願去重新再認識或尋求理解。似乎有必要再加強宣導，善盡告知的義務；有必要開放更多的管道、通路，經由論辯、意見交流，再凝聚新的人文理想。

知識經濟、文化變遷與教育創新

——大學通識教育的新視野

通識教育中心副教授　孫長祥
副校長兼通識教育中心主任教授　王立文

摘　要

本論文旨在反省「信息社會、全球化、知識經濟」趨勢下的主要時代課題，而嘗試提出大學通識教育可能因應的理想做法。全文主要分爲五段：一、前言：說明台灣因應世變而發展通識教育的過程。二、「信息社會、全球化、知識經濟」時代的特徵：歸納整理信息爆炸、全球一體、知識成爲生產資源的特徵。三、新時代重大課題的內涵：提出知識性質轉變、在互動中建構共通價值、生產性知識與價值創新的主要課題。四、大學通識教育的理念與構想：說明以知識、道德與信仰的理念爲構想的通識教育，重新認識哲學的整合性意義、由知識而走向倫理的管理。五、結論：未來大學通識教育的前瞻：綜合前文，重新評估通識教育在大學教育中的地位。

一、前言——時代趨勢與大學通識教育的發展

大體而言，台灣地區的大學院校推動通識教育的歷程，主要分爲三階段：第一階段醞釀期：從一九五〇年到一九八〇年代初期，主要以東海、清華、台大等少數大學推行「通才教育」開其端倪。第二階段發展期：在一九八〇年代，由教育部主導規劃要求各大學通識教育開授「文學與藝術」「歷史與文化」「社會與哲學」「數學與邏輯」「物理科學」「生命科學」「應用科學與技術」等七大領域內的通識選修課程。第三階段弘揚期：由一九九〇年代開始，廢除部定共同科目，全面推動各校規劃校定共同課程，以及設計具有各校特色的通識課程並具體落實。

回顧台灣的大學通識教育發展過程，可以發現一個主要的特色，就是伴隨著台灣政治、經濟、社會、文化的改革變遷而從事相應的調整；其實也不僅是通識教育，

大學內各科系的專業教育，甚至大學之中所包含的各種人類社群的知識，也莫不是跟著時代的步伐，而有所增刪合併的調整。不可否認的，經過近十幾年來在主管教育部門、各大學院校與民間機構的努力經營之下，大學中通識教育的組織、運作、課程已呈現出相當的規模；但在增長發展的過程中，也衍生與存在許多必須更新與調整的問題空間。時至今日，大家有個基本的認知：二十一世紀是知識經濟的時代，大學教育的成敗，將是決定國家競爭力的主要關鍵。因此，如何改進大學教育，以提昇高等人才的品質，加強人才在未來世界中的競爭能力，便成爲現階段大學教育改革的當務之急。作爲大學教育體系一環的通識教育，自然也必須隨順時代的脈動，掌握先機，從事中長期的規劃，以利大學所訓練的人才，能夠在未來有充分的智能技術、能夠積極主動的應對問題，創造出理想的人類文化。爲了不斷修正與革新，以追求最完善、理想的通識教育設計，首要之務在對於人類所處情境與時代的問題有透澈的理解，能充分掌握現階段的各種問題，加以補強或更新，才足以周備的規劃設計理想的通識教育。大體而言，我們當下所面臨的時代趨勢與問題有以下幾點特徵：

二、「信息社會、全球化、知識經濟」時代的特徵

經歷廿世紀下半葉科學與科技的高速變遷與發展，大家逐漸意識到廿一世紀的人類已經處在一個「信息社會、全球化、知識經濟」促動的嶄新情勢下，走到一個歷史變化的轉捩點上。首先，由於電腦產業技術的發展不斷翻新、通訊技術與網路傳輸的推廣運用，全球已經儼然形成一個由網路聯結成的聲氣相通、資訊快速交流的整體信息社會；各式各樣爲數甚夥、不斷更新的科技知識、信息、資本、物料、技術等透過文字、數據、影像種種不同的資訊，即時在網路間傳播流竄，擷取容易。問題是人們該如何截取、過濾、識別這些經過編碼的龐大知識數據、資料，加以轉換、組織、解釋而構成爲有意義的系統知識群體，以幫助人們掌握各種情勢的動態趨勢、認清現實、發現問題，並採取有效的解決方略。

其次，與信息社會相關聯的一個重要概念，則是意味著「全球化」的成形，「作爲一個概念，全球化既指世界的壓縮，又指認爲世界是一個整體的意識的增強。」[1]

1〔美〕羅蘭·羅伯森著，梁光嚴譯，《全球化—社會理論和全球文化》（上海：上海人民出版社，二〇〇二）頁十一。

或以為「……全球化是一個歷史過程，在此過程中網絡和社會關係系統在空間上不斷擴展，人的行為方式、積極性以及社會力量的作用表現出洲際（或區域之間）的特點。」[2]然而也因為「全球化正在全面展開，各大宗教之間、不同的人類哲學思想體系之間，不同的文明之間的摩擦面日益擴大。」[3]換句話說，所謂「全球化」現象的重要意義是，全球已經由網路、通訊、交通的布建而成為一個有機、互動的整體，「…人際交往的可能性增加、各種概念頻繁的交換、不同的價值系統相互激盪、科技經濟的普及流通等等，各地球村的成員在彼此交換訊息、相互模仿中學習，也產生了彼此的摩擦、衝突，引發了全球日益高張的競爭態勢；學術界分別從各自的立場觀察與反思這種現象，形成了所謂『全球化』的議題。」[4]

第三，最先引領全世界走上信息社會、全球化趨勢的是現代化國家挾其先進知識、科技、雄厚資本的優勢，以全球各地資源的分布做為考量，以世界市場為著眼，

---

2 〔德〕Rainer Tetzlaff 主編，吳志成、韋蘇等譯，《全球化壓力下的世界文化》（南昌：江西人民出版社，二〇〇一），頁四－五。

3 〔德〕Helmut Schmidt 著，柴方國譯，《全球化與道德重建》（北京：社會科學文獻出版社，二〇〇一），頁六八。

4 參考孫長祥，〈知識分子與文化關懷〉（收錄於佛光人文社會學院中國哲學研究中心與開南管理學院公共事務管理學系共同舉辦「社區營造與知識分子的關懷」學術研討會論文集）頁一。

大規模的貿遷有無，在落後國家還來不及反應的狀況下，遂行商業利益的攫取。現代化工業國家的種種做法，衝激著各國人民的生活方式、消費型態、價值觀念的轉變，並從經濟生活領域擴散到各相關的文化領域；引發了各國由被動而主動的嚴肅面對現代化、工業化國家帶來的各種衝突、挑戰與競爭，圖謀最佳的因應對策。現代化工業國家這種本質上主要是以知識爲基礎的經濟，結合了「計算技術、生物技術、電子通訊和運輸領域的巨大的技術進步，並已開始孕育經濟組織和政府按未來將要據以行使其職能的方式發生巨大的變化。」[5]不僅如此，大眾也逐漸警覺到，「知識經濟」的影響面，所涵蓋的範圍包括了各國、國際、洲際的經濟、政治等全體人民的「交換性」行爲、公眾的公共事務，乃至於更基礎的攸關人的生命型態、生存模式、生活方式等文化的價值類型；所有的這些都超越了各種不同的疆界概念，促使各種文化群體的概念、制度、文化面臨了鬆動與轉變的危機。換句話說，「全球化、知識經濟」的現象，挑動了各種實質面、制度面、文化的衝突與價值理念的危機感，而產生調整、更新的嘗試。

5 〔美〕達爾·尼夫主編，樊春良、冷民等譯，《知識經濟》（珠海：珠海出版社，一九九八）頁十七。

三、新時代重大課題的內涵

面對當代「信息社會、全球化、知識經濟」各種複雜糾結的問題，如何掃其繁蕪的表面現象，抽引統合出現象背後的主要核心關鍵，從事最佳的因應對策的設計與規劃，是各國有識之士大聲疾呼、共同關心思考的時代課題。各領域的專家學者，各自從各種不同的需要層面上，也都有各自不同的認知與對應的著重點。不過由培育高級人力資源的大學教育立場出發，尤其是從如何規劃設計未來大學中通識教育的觀點來做考量，從以上的三種現象中，大致可以歸納出以下値得我們注意思考的幾個方向：

第一、知識性質的改變與評估：在訊息爆炸的時代裡，各種類型資訊的獲得較諸以往封閉的時代裡容易，然而也因爲訊息數量的龐大，對於如何評估資料，並加抽象、歸納、組織成爲有系統的知識信息，便成爲「信息社會」中的一大問題；同時可以將各種訊息，有意義的加以組合的方式多元化，也形成各種創新類型知識的產生。若是缺乏歸納、分類與組織的能力，所有的訊息只是一堆散亂的資料，無法成爲有效的運用資訊。如何面對龐雜的資料，加以過濾、篩擇，並審慎評估，重新系統化的整合、創新知識，便成爲未來大學教育與課程規劃，所當慎重考慮的重大課題。畢竟大學在人類社會中的角色與功能，「知識」的概念建構、認知模式批判與價值理念與實踐的基本技能傳授，還是大學最主要的任務。

第二、在互動中建構共通價值：誠如前文所提到的，在「全球化」的趨勢下，人際交往的可能性增加、各種概念頻繁的交換、不同的價值系統相互激盪、科技經濟的普及流通等等；總歸一句話，世界已走上無疆界的時代，人際之間的交往的對象將愈來愈多元，互動的頻率增加，互動的模式也將不斷的翻新。然而在交往互動中，並非一切都是順遂而毫無齟齬衝突的，由於國家、民族、宗教、文化、概念、價值的差異，又在彼此互斥的心態下交往，也相對的挑起了文化的衝突，或以爲「由於受到全球化的影響，不能排除二十一世紀發生此類衝突的可能性。因此，提醒人們注意到此類危險是一種貢獻。……認爲全球衝突不可避免的思想是極其危險的，它會導致一種衝突本身自然成爲事實的預言。」[6]換句話說，雖然在兩兩交往的互動過程中，會發現彼我的不同，而由於固著自己的價值信念，對不同於己的價值觀採取排他的心態，將更加劇彼此的衝突；因此，如何以「同情的理解」，理性的對

6 〔德〕Helmut Schmidt 著，柴方國譯，《全球化與道德重建》，頁六八。

話，釐清衝突的癥結，開放寬容的心胸，學習欣賞與接納不同於己的事物，便是我們應該再三致意的所在。

第三、以知識生產知識創新價值：大體而言，經濟活動廣泛的涉及到人們最基本生存與生活層面，與人們的關係最爲密切；也就是說經濟活動影響滲透到人們衣食行育樂等各方面，與民生息息相關。或以爲近代以來，由於資本主義、系統化的技術的持續改進，也推動了三次革命：即工業革命、生產力革命與管理革命。而究其實，這些革命性的轉換是由「知識意義的根本變化推動的」，換言之「知識意義的變化轉變了社會和經濟」。從知識進化的觀點而言，這三次的轉變，意味著由「把技藝的神祕性同有機的、系統的、有目的的知識結合在一起」，而「運用知識來研究勞動、組織勞工、培訓勞工技能」，提高生產力；到今日管理不僅只限於狹隘的工商業管理，而是所有的工商營利或非工商營利組織都需要管理。因爲「管理是所有組織的一個生長功能」，知識已被視爲一個基本資源，「只要存在著有效的管理，即將知識應用於知識，我們總是能得到其他資源。」[7]從以上的意義而言，「知識經濟」時代的到來，意味著從工業革命發展到今日，知識的意義已經從應用知識於

7 參見〔美〕達爾．尼夫主編，《知識經濟》，頁三五—六一〈從資本主義到知識社會〉。

工具、生產過程、產品，以及人的勞動，走上了以知識生產知識的時代；並由工商活動，延伸到所有組織性的制度與活動之中。而知識本身的價值與意義，也因此被提昇到一切活動的首位。

四、大學通識教育的理念與構想

（一）知識、道德與信仰的理念

了解了時代的趨勢與重大課題的基本內涵之後，或許我們可以秉此反省過去、認清現在、綢繆未來，商訂我們需要什麼樣的通識教育。首先，我們必須更進一步由以上對當代趨勢的重大課題內涵與說明中，標舉出幾個核心概念，做爲我們規劃未來通識教育所依循的中心價值。

第一，必須再度重申大學以廣義的「師生」——任何形式的教學者與學習者——爲主體，以由內而外、由大學校園而擴展到社會，做爲批判人類各種經驗，開發人的多元智能，建構概念「知識」、建設認知模式、型塑價值理念、精思力行與社會實踐，以及包含基本技能傳授等的理想任務。隨著時代的發展，「知識」的批判、創新發展、與新知的訊息、傳授等，依然還是大學教育的最主要的核心價值之一；

「知識即道德」、「知識即力量」——旨在發展人自身、經世致用的知識意義，甚至做爲「世界三」的知識本身，都不僅不是過時的口號、標榜，而是在現代三合一有機的整合爲一個完整的活體，知識本身即能不斷的自我增長，永續的生產知識。知識與實踐的行動，必須是緊密關聯，不斷的創新知識。

其次，在全球一體化的趨勢下，我們必須體悟一個全體互惠共利的世界，大於個別部分利益的總和，人類必須在彼此不斷交往互動的的行動中，「毀方而瓦合」，節制自我、欣賞他人，彼此諒解、尊賢容眾，相互寬容、泯除彼我，共同塑造新的世界觀。在此理念價值的引領下，重建新世紀的道德理想。

第三、調和各民族、文化、宗教的衝突，不抹煞所有的本質價值，尊重個別差異，所有的個人、群體、文化體都必須尋求各自的自我定位，學習自我管理，設立協商機制。改變貨力爲己的自私保守心態，「力惡其不出於身也，不必爲己；貨惡其棄於地者，不必藏於己」是謂「大同」。

或許以上的說明不夠清晰而實際，但卻是一個如眾星拱月的價值核心目標所在，能夠開放讓大家自由進入與操作的空間所在。當然最根本的是：不論如何的討論，教育的本質仍在人本身，也不論世界的情勢如何變遷，資訊科技科技如何進步，面對挑戰，權衡利弊，從容應對的，終究是「行之者在人」；真正創造科技、使用科技、享用科技的，仍然在人本身如何正確的去對待科技的態度上。換句話說，不論時勢如何變遷，歸根究柢真正認知、行動、運用科技的主體，還在於人本身這個事實，不因科學、技術的進步變化而有所不同，「以人為本」仍然是新時代教育的重點所在。在現實功利思想當道，而理想主義軟弱的現實環境中，雖然以上的說法，難免有不切實際之譏，然而理想與完美的理念價值，仍有再度提倡的必要，畢竟理想長久以來都是改革時敝與創新未來的驅力；總之，新時代的大學通識教育應該以「新的人本主義理想」為鵠的。

（二）理想通識教育課程的構想

儘管一般認定在「信息社會、全球化、知識經濟」新趨勢下，競爭是一種常態，相信大家所不希望見到的是惡質、缺乏公平競爭遊戲規則的掠奪式競爭，而樂見的是具有公平正義的理想遊戲規則，可見理想依舊是現實的規範者。為了顧及學習者現實上的需要，在設計通識課程時必須依照理想的藍圖，衡量現實的需求而妥為規劃。由上文的敘述，或許可以規劃以下幾組類型的課程。

1.必須立基於人的「多元智能、專業知識、實用技術」，秉持現實的原則，由知識、技能、經濟變革的角度爲切入點；而後深入到「知識管理」的部分。換句話說，必須將專業知識與通識的課程做層級先後的安排，由「知道什麼」（know that）上升到「知道爲何」(Know why)與「知道如何」(know how)的課程安排。

2.在全球化、知識經濟的趨勢下，我們最需要的不是純粹記憶型的積累性知識，而是具有批判性與整合性的訓練。通識教育的課程設計中，必須開設超越各科系，而足以提供可資以借鑑批判自己的範限，提供整合參考的方法論訓練課程。而整合意味跨出各學科範圍，因此必須提供並滿足所需跨學科訊息與基礎的課程。

3.基於全球化趨勢下，人際交往日益頻繁，文化衝突的現象加劇，針對如此的現象必須有提供學生了解人際智能、各種文化、價值、宗教的課程，以加強相互的理解。因此，各種既存的文化與價值類型的知識的專題深入的介紹課程，以及與楷模學習有關的課程，或是有助於反思自身所生活環境中，日用而不知的「默會」成分的文化知識與價值意義與內涵的課程，應該有完整配套的課程規劃；以襄助文化社群中的文化成員，在「行動－反思」的反復操作中，生長創新出知識。

4.信息社會中，誰能充分蒐集、運用資訊並加以判讀、整合、解釋，誰便能搶佔先機，因此通識的課程應多方開設整合方法模式方面的課程。

5.為培養學習者除專精領域之外，平行對等的看待其他知識的態度，應該有水平思考方面的課程。

6.為培養高層思考、整體思考的思維能力訓練，有必要再度擴大哲學方面的課程。

五、結論：未來大學通識教育的前瞻

以上主要的論點是從現時「信息社會、全球化、知識經濟」的時代趨勢，加以反省，希望由其中抽繹出可以做為規劃未來理想的通識教育規劃的一個指引方向的規約性指標。總體而言，從以上的概略分析可以發現，若要規劃未來理想的大學通識教育，必須要有開闊的新視野，了解時勢的動態趨勢，以前瞻性、長遠性的宏觀視野，針對現實提出具體可行的策略與方法，謀求能妥善因應現實綢繆未來的改進之道。當然從教育的立場而言，大學教育的基礎任務，還是在培育能去主動積極回應問題的人才；作為大學教育一環的通識教育，也不能背離這個宗旨。而大學教育的規劃者，更必須從整體的角度加以考量，把通識教育納入各科系的專業課程設計中，做為一種必備的基礎性知識、或專業知識的背景知識，而給予相當的重視。

換句話說，若要從高等教育的立場考量，針對這些時代的趨勢問題，前瞻性的、長遠的規劃新時代的人才培育；那麼面對全球整體性的問題與形勢，我們需要宏觀的新視野、以整體思維、系統思維的的方法，扣緊問題的癥結、掌握自己的能力，以廣大的全球視野，落實在具體而又實用的教育設計中，培育能有效解決問題，創新人類知識。元智大學是一所十分重視時代趨勢的學校，在創校的宗旨中即特意標榜：開發多元智能、著重全人教育，培育未來具有深厚人文素養的知識、科技、管理領袖人才等長期發展理想的通識教育理念，無疑的是具有前瞻性與強烈而旺盛的企圖心。而以上的說明，可以說是個人在元智大學現行的通識教育的做法上，進一步反省，從事元智大學通識理念、價值目標的細部修正與微調的一點淺見。謹此向各位學者專家請教。

儒家倫理思想在全球化時代中的價值

通識教育中心副教授　孫長祥
副校長兼通識教育中心主任教授王立文

摘　要

廿一世紀的最重要特徵是標誌著「全球化時代」的屆臨，在知識、信息、科技的不斷翻新、快速的傳播下，衝擊著人類政治、經濟、社會、文化、思想、生活等等所有的層面，更重要的是科技經濟的普及流通、人際交往的可能性增加、各種概念頻繁的交換、不同價值系統互相激盪等等，引發了各種迥異於過去，並亟待解決的新興倫理問題。在全球化時代，知識經濟是一特色，往日可由一技之長謀生，未來則相當困難，技術不斷創新，稍一怠忽即遭淘汰。因此人要終身學習，更新其技術，擴大其視野，且人際之間的互動能力與規範變得益發重要。孔子曾勉其學生曰君子不器，其實蠻切合現在之時代潮流的。未來的學子應皆要能善用網際網路學習、出國旅遊、大量的閱覽書籍雜誌，博採各類知識的信息，然後進入審問、慎思、明辨、篤行的階段。

本論文即在此認知下，重新評估並嘗試探討傳統中國的儒家倫理思想在嶄新的全球化趨勢下所可能存在與保留的價值、對未來可能提供的倫理問題的思考方向、以及對全人類道德理想的重塑可能提供的參考價值所在。

本論文分爲以下三個部分：一、前言：嘗試歸納與說明全球化時代的重要特徵，以及已經或可能引發的新興倫理問題。二、本論：擇要提出說明傳統儒家「經世致用」的倫理核心價值、理想及其主要意涵；並針對已顯現的當代全球化的倫理問題，提出傳統儒家倫理思想中可能蘊含的應對與解決問題的策略。三、結論：總結前述意見，嘗試依據儒家倫理的核心價值，提出全球化趨勢下普世倫理思想重建的展望。

關鍵詞：全球化、大同、三綱八目、倫理、價值

一、前　言

(1)全球化時代的基本現象

廿一世紀一開始即標示著人類社會已正式走上了嶄新的「全球化」的時代，所謂「全球化」的現象是個全面普遍而深遠影響到人類政治、經濟、社會、文化、思想、生活等等所有層面的複雜現象。若是追究這種現象產生的主要原因，或許可以說產生全球化現象，主要是導源於上個世紀發展而影響持續至今的知識、信息的革命、科技運用的高速發展、經濟事務的規模擴大等，藉著無遠弗屆的通訊、快速便捷的運輸以及電腦高速網路的連結等技術的發展，加速了國際社會間各種事物的交往互動，導致了人類社會的變遷。換句話說，在種種因素的交互作用下，全世界較諸以往更緊密的聯結與互動，時空的因素已不再是人與人、國與國之間最大的隔閡，全球儼然成為在某種意義上是超越國土疆界，彼此關聯、相依互賴的一個整體地球村。就在這個整體地球村之中，全面開展全球化、現代化的同時，卻也不如一般所預想的和諧共榮，而是充滿了各種的競爭與衝突：由於人際交往的可能性增加、各種概念頻繁的交換、不同的價值系統相互激盪、科技經濟的普及流通等等，各地球村的成員在彼此交換訊息、相互模仿中學習，也產生了彼此的摩擦、衝突，引發了全球日益高張的競爭態勢；學術界分別從各自的立場觀察與反思這種現象，形成了所謂「全球化」的議題。[1]

在這種全球化競爭的情勢之下，最明顯的特徵表現在民生經濟方面：資本主義商業貿遷有無賺取利潤的活動，誘使地球村的成員莫不爭先恐後的以自我「利益」爲中心；企圖在龐大的知識、訊息、人力、財力、資源的信息流中，以最有「效率」的方式，掌握到各種對於自己最有利的商機、資訊，以便採取行動，攫取最大的利益。跨國企業的組織、規模、以全球市場著眼的商業策略，促成大區塊的經濟共同體成形，也促使各國的法律、官僚組織制度、民主化的進程相應的做出了調整。由於新異事物的變遷、更新、汰換的速率加快，人們雖然付出了代價掌握了訊息，卻未必然能獲得相對的報酬，而新的、更龐大的流動訊息又接踵而至，更加深了人們

1 王立文、孫長祥，〈全球化時代中大學人文教育的新理念——元智通識「提昇大學基礎教育計劃」執行的省思〉，

的挫折與不穩定的感覺。當然這種形勢帶來的影響，也不僅止於經濟、政治的層面；多元、龐大的資訊更衝擊著人們的思想，也造成了人們思想觀念的解放與多樣的發展。不斷推陳出新的新異事物，需要花費人們許多的精力改變自己的思考與操作方式去嘗試適應新的事物，甚至令人無所適從；也讓人們不再能沿用過去的價值觀念加以衡量，因此由懷疑而否定各文化圈原本所秉持的傳統價值與權威。[2]

總之，無論情勢如何的變遷，或許可以簡單的說，當前的人類已經意識到在全球化的時代裡，我們已經身處在一個「信息社會、全球化、知識經濟」促動下高度變遷的現代科技、消費、風險社會中，人類已然走到一個歷史變化的轉捩點上。不可諱言的，面對這種複雜多變的全球化現象，受到最大衝擊的還是人類本身：包括人的認知態度、概念系統、價值理念、行動方式、生活方式等，所有人與人、人與物的彼此對待、交往互動模式的都面臨挑戰與變革。從哲學的觀點而言，所有這些新興問題的本質，仍然可說是倫理道德的問題。

(2)全球化趨勢下的新興倫理問題的特徵

2 參考〔德〕赫爾穆特・施密特著，柴方國譯，《全球化與道德重建》（北京：社會科學文出版社，二〇〇一），頁一〇。

大體而言，當前情勢所引發的新興倫理問題主要有以下幾點特徵：

第一、科技規範成爲主導倫理的規範：由於現代化科技產品的大量生產與普遍運用，使得人們的生活作息與行動愈來愈仰賴科技的產品；在現實生活中人們越來越有一種被迫調整自己的行動去適應科技、從快速流動的電腦網路中尋求與擷取各式各樣生活的知識與訊息的趨勢。換句話說，現代科技已然融滲在所有人類的日常生活與行事中，改變了傳統與自然互動的生活形態，轉而在各種科技所構築成的網絡世界中生活、思考與行動；在不知不覺中，科技的規範逐漸代替了傳統立基於人本或宗教的道德規範，科技規範的模式強制規定了人的行爲模式。

第二、追求個人欲望的滿足成爲主流信念：資本主義大量生產，強力推銷的宣傳的手法，塑造流行的趨勢，帶動了人們崇尚名牌商品消費的風潮，制約了人們以商品的價格做爲評量、交換、分配所有價值的主要標準。商業化物品的周期縮短，並以不斷刺激人們欲望的方式，吸引人們——尤其是年輕的世代——追求名牌、炫耀性的奢侈消費，而工作的目的主要在滿足個人當下享樂的欲望。換句話說，商品消費的欲望滿足勝過意志的應然，成爲驅動行爲的根本力量。

第三、現實與功利取代了理想的追求：在專技、分工社會高度競爭的現實情勢下，為了日後謀取生活的方便，職業謀生技能取向取代了理想興趣發展取向，成為年輕人主要的學習目標。由於只重視個人的專業領域，而對高度分工的專技社會缺乏整體知識與技術的理解，造成了狹隘的視野；對別的專業領域陌生、漠不關心，窄化、支離破碎的理解，也加深了業別間、人與人間的隔閡。只重視以獲取私利為目標的個人專業技能，加之在競爭的藉口下，為達到私己的利益、財力、權力的獲得，不合理、不合法的權宜手段，被視為理所當然，對傳統倫理的理想、美德嗤之以鼻，使得秉持道德理想者遭受恥笑。由於道德勇氣的缺乏，使得當代成為歷史上理想主義者最軟弱的時代之一。

第四、快速變遷的不穩定引起道德意義的焦慮：快速變遷的知識、商品、科技，縮短了流行事物、思潮等等的汰換周期，而三者結合的效應，更促使追求時髦的人們亦步亦趨的求新求變，習於逐物而缺乏自省的能力。各種新興的事物在還沒有來得及做出後效的精確評估，以及可能的副作用之際，便匆忙的推出，以牟取最大的利潤，帶來許多不可預期的社會風險。傳統產業界在轉型中逐漸失去競爭力而裁併甚至消失，新興的現代化產業走上自動化，削減大量的人力需求，造成失業人口增加。總之，社會中的各種急劇的變化等等，都讓人感受到對未來的變數無法預期與掌握，種種變遷導致的浮動、不穩定狀態，加深了人們無所是從的焦慮感。

這些倫理問題的主要特徵表現在實際社會現象中，我們可以發現有許多與傳統的道德價值觀念相異之處，有些沉迷在網路世界之中的年輕電腦世代，以虛擬爲真實，甚而不分真假；在電腦的虛擬世界中只要自己喜歡可以爲所欲爲，不需辨別善惡、不必負責，久而久之對倫理價值的觀念趨向價值中性。人們經由電視、電子媒體獲取各種的資訊，塑造了「視覺系」的世代，電子媒體並取代了父母子女等家庭成員間的互動，成爲傳播與塑造人們價值觀念的最主要來源，大幅改變了人類的認知與價值觀，而媒體又反來改變了社會的性質；電子傳播媒體甚至成爲「世俗的宗教」，培養了許多的「粉絲族」。在各種商業活動的無形教導下，一切向「利益」看齊，最大的影響是教育被看成是一種具有商業意義與性質的投資，學生被視爲是顧客，而教師則成爲知識的推銷與販售者，動搖了傳統「君師者治之本」的基礎理念。在網路傳播、通訊運輸的快速傳輸下，各種訊息在國際間彼此相互激盪，而世界各國民主化的運動蓬勃發展固然提高了廣大人民的自覺意識，但以人民爲老闆，政府官員爲夥計，仍然是以一種立基於資本主義、商業文化的認知關係，對民有民治民享的政治理念產生了一定程度的傷害。各民族文化、各大宗教、思想體系不同的價值觀念，在全球化的趨勢下，接觸面日益擴大，但卻因爲彼此基於各自本位的不同價值認知、行爲方式，對於異己的文化、宗教了解不足又不夠寬容，導致了許多文化、宗教的摩擦與衝突。

除此之外，一般認爲還有個人主義、相對主義、懷疑主義、神祕主義等等的盛行都對當代倫理的問題產生了相當程度的衝擊。雖然呈現在現實社會中有關倫理的問題與現象，不勝枚舉，但是一言以蔽之，凡此種種的新興倫理問題與現象，在某種程度上是由科技、商業、媒體扮演了主要的形塑者角色，強制性的構成人們認知態度與價值學習、道德行爲的主要依據。有識之士鑑於如此的現象，莫不憂心忡忡，感嘆世風日下道德淪喪，而倡議應該針對全球化趨勢下，日益增生的倫理議題，圖謀解決之道。因此有人認爲在現代的高風險社會中「最迫切需要的是維持和預防的倫理學而不是進步完善的倫理學」[3]，這也是當代如生命倫理、環境倫理、企業倫理、諮商倫理……等，種種應用倫理學研究之所以盛行的主因。

3 〔英〕齊格蒙特·鮑曼著，張成崗譯，《後現代倫理學》（南京：江蘇人民出版社，二〇〇三），頁二六〇。

二、儒家倫理思想的相關內涵

長期以來儒家的倫理思想，一直都是中國文化與哲學的核心所在，大體而言，儒家的倫理思想是在先秦漫長的時日中，不斷的針對現實處境中各種複雜的人生問題，嘗試化解衝突、相互冶煉、融合差異，精思力踐而逐漸形成一套理想的、包容人生中各種可能問題的、有關人事行爲的價値規範與禮樂制度。儒家的倫理思想的形成，基本上是由春秋時代的孔子針對當時社會變遷、周文疲敝，所引發的種種人生問題，參酌夏商周三代的禮制、行爲規範，加以因襲損益的批判，並寄寓理想，使之成爲具有普遍意義的道德規範，並從教育上加以推廣，以化民成俗，從而樹立了儒家倫理思想的代表性典範。而後經過孟子、荀子推擴發揮孔子倫理思想的精義，終於奠定了儒家倫理思想的宏大規模。歷代的中國人即在此倫理思想、制度規模的基礎上，雖有所增刪，但原則上卻始終遵循儒家的倫理規範、文化規則，懸爲道德人生的鵠的，奉行不渝，以迄於今，成爲中國文化的傳統。若是對照上述當今全球化趨勢下的各種主要的倫理議題，或許可以概略的說：其實傳統儒家倫理思想的精義頗富現代的意義。以下謹就傳統儒家倫理思想中，與當代倫理議題相關，可提供全球化時代重構價值理念與道德問題思考的重要意涵，擇其要點，分敘於後：

（一）以人爲本，因時損益、窮變通久的動態建構的倫理觀點：

基本上儒家的倫理思想是「以人爲本」的倫理思想典型，主張一切行事最終必須以人爲依歸，以人爲目的。儒家倫理思想的建構的基礎認定，是將人與人生存世界共同納入考慮，認爲人是在生活世界的情境中，與天地自然萬物共同存在於宇宙之中；爲求得人與自然的最佳適應之道，一切人事作爲必須調整到與環境、與自然萬物形成完整的整體，此即儒家「天人合一」的理念。這個「天人合一」的理念，與全球化視人類生存的地球爲一個全體地球村，所有人類、自然資源彼此相緊關聯，人類與生存的環境應該彼此尊重、相互愛惜的理念，頗有不謀而合之處。

全球化時代是個錯綜複雜變動的時代，人類居住的環境、生活中的事物、人的想法、行事態度等一切都在快速的改變；依儒家的主張人們必須體認到人存在的世界是個整體複雜多變的世界，人生存其中必須學習識變、知變，掌握時代與動態發展與所有問題，做全面而周全的思考，所謂「聖人有以見天下之動，而觀其會通，以行其典禮。」（《周易．繫辭傳》）以人自身爲核心，推己及人，以至於民胞物與，由人向外推擴到所有與人接觸的事物，建立以人爲本的倫理關係，以安人、助人在人存活的時間內獲取最佳的生存之道。換言之，儒家的倫理思想的建立是以人爲本，由己而人而物，建立天人宇宙整體的人文化成的關係網絡，強調人與人、事、物間的關係是在動態發展中的，人應該不斷的調整、修正而尋繹出最適宜的發展策略；也就是說儒家認爲人的倫理的關係是在人生存的動態環境中去建構完成的。

或許在全球化的變動趨勢中，有許多不盡如人意的變化發展的問題增生，儒家的想法並不悲觀，而是積極樂觀的，人不能嫌惡日趨下流的時代變動複雜的問題，更不能因爲問題的繁雜而亂了心緒；而必須勇敢的面對新時代變亂的問題，在變中求常，在亂中求治；尋求「撥亂返治」新的解決之道。在解決問題的態度上，人也不能一味的食古不化，所謂「愚而好自用，賤而好自專，生乎今之世，反古之道，如此者災及其身者也。」（《中庸》）儒家重視因時因事以制其宜，以整體通盤爲考量，強調「窮則變、變則通、通則久」，因時因事變通求宜的整體思維，採「樂天知命、安土敦仁」不憂能愛的樂觀態度，這種樂觀進取解決問題的態度，對於我們思索解決全球時代複雜多變的倫理問題，具有正面的意義，我們應該秉此態度，尋求能夠「通天下之志、定天下之業、斷天下之疑」的新時代價值。

（二）脩身——倫理道德知識的建構以個人化的知識與道德爲倫理的起點：

從人本的立場出發，儒家倫理思想的宗旨是希望人人都能堂堂正正的「做人」，儒家倫理思想的基本主張認爲，倫理道德規範的目的在教人如何「做人」、如何爲人與交接處事。只有人本身充分認知與了解到人之所以爲人應該具備的責任與義務，願意去明是非、別善惡，自我做主、自我決行、自我承擔行爲的各種後果，並努力實踐，才是人類社會中可長可久存在的基本保證。儒家認爲人類需要倫理道德，而人的能夠實踐道德行爲是由於人類具有自覺的良知、良能。道德行爲的起點始於人與生俱有的天性、能力，而又有充分自覺反省能力的個人；除了本諸人類的道德天性的先天條件之外，儒家認爲道德的實踐也必須經過學習。在《大學》中儒家精思力踐規劃了三綱八目，做爲普世倫理可以學習的標準與學習過程，認爲倫理道德的學習與實踐是人人可得而能、可得而爲，而不分身分、階級、地位，「自天子以至於庶人，壹是皆以脩身爲本」（《大學》），是具有普遍性意義的。

在《大學》之中標舉出「在明明德、在親民、在止於至善」三綱，以及「格物、致知、誠意、正心、脩身、齊家、治國、平天下」等八目，做爲人們學習「做人」——道德學習的先後終始順序，認爲這是學習「做人」的「大學之道」。所謂三綱「在明明德、在親民、在止於至善」，一者呈現了倫理價値的理想，二者指明了人類道德發展的次第：由個體的自我實現，而群體相親愛，莫不以「止於至善」爲倫理的終極目的，也「（故）惟有奉此止至善三字爲人類的最高標的，現有各宗教庶可得其會通，而不相衝突。」「（因此）只有中國人能把人類自己之道德心性修養來代替了宗教，直從己心可以上通天德、與宇宙爲一體，故在中國文化中宜可不必再有像其他宗教之產生。」[4]

而在「格致誠正修齊治平」八目中，「格致誠正」四者攸關個人的修養，是「行仁由己」的必備條件：「誠意正心」要人無自欺，真實坦然的面對自己，激發人道德實踐的勇氣，義無反顧的決行，所謂「誠者非自成己而已也，所以成物也。成己，仁也；成物，知者；性之德也，合外內之道也。故時措之宜也。」（《中庸》）而「格物致知」在經過朱子「即物而窮其理」、陽明「致良知」的闡釋更加發揮了「尊德性、道問學」的意涵；從當代的學術觀點而言，或許可以說，大學對格致之學的重看，是對德性知識與事物知識的並重，也是對理論與實踐知識的並重。在全球化的現代化知識中，往往將知識與道德分離，忽略了德以輔知的重要性；而從另個角

4　錢穆，《中國文化叢談》冊二（台北：三民書局，一九八六），頁二二五。

度而言，在全球化的視野下，新的學習必須是能充分啓發個人的智能，從事全方位的發展的學習，因此個人知識的量身打造成爲一個人學習的最重要目標；儒家所提倡德智雙修」的主張，便饒富意味，不僅可以對治只重專技輕忽道德的弊病，更可以預防「被強制性的技術價值規範所可能形成之危險發生。

《大學》標榜正心脩身，而在學習的次第上，卻強調格物、致知、誠意先於正心，意思要人先從事自我內在的開發與學習，培養豐富的道德情感、鍛鍊理智的道德判斷能力，當自我對道德的知與行有真實無妄的體悟、以至毫無疑惑，才會自我油然產生大無畏決行的道德勇氣。從儒家的觀點看來，人是以身體的形式存在於真實的時空之中，現代科技、商業帶來的進步、變化，不斷誘惑人的物質欲望，讓人的物質身體習於追逐物欲；久而久之「物交物則引」，人也逐漸「物化」，心靈受到外物的制約，喪失了心靈自由、自主的能力，甚至只賸下缺少靈魂的物質化軀殼。受到外在事物攪動的人心，放逸到外在的事物上，能獲得外物則喜，得不到則憂；環境中大量變遷、浮動的事物，求之而不可得則心生鬱悶，好不容易求得又恐懼其失去，患得患失使人心終日處在焦躁、不安的焦慮狀態中，產生了現代社會中的道德焦慮感。

儒家深刻的認識到這種現象的癥結不在身體而在人心的放逸，因此孟子認爲根本的解決之道，在「求其放心而已矣」。《大學》則說「所謂脩身在正其心者，身有所忿懥則不得其正，有所恐懼則不得其正，有所好樂則不得其正，有所憂患則不得其正。心不在焉，視而不見，聽而不聞，食而不知其味，此謂脩身在正其心。」（《大學》）因此主張脩身在正心，就是要人清楚體認到有所忿懥、恐懼、好樂、憂患的本原在人心，惟有充分了解造成人心不安的來源，再想辦法解除人心的窒礙、恐懼、憂患、焦慮，重新恢復人身心的自由自在；在意志自由、充分自主的狀態下，才會無怨無悔的實踐自己應該做的事，這才是真正理想的道德實踐。

隨著全球化趨勢，傳染病甚至精神性疾病都發展的很不同往日，近年來，憂鬱症在青少年群中氾濫，孔子曾說「仁者不憂」，不難推知，時下年青人不理解仁的意義，當然更無法成爲「仁者」。消滅憂鬱的波潮恐非單藥物所能獨力完成，人生觀裡若缺乏「仁」的精神，不知如何關心他人而只關心自己，再加上患得患失，正是造成憂鬱的主因。

（三）對治欲望的義利之辨

誠如前文提到，當代是個人欲橫流的時代，追求個人利益、滿足個人欲望爲時代的主流趨勢，從某個角度甚至可以說：欲望是主導現代社會中各種技術、器物、製作發展進步的原動力。其實自來欲望都被認爲是迷惑人心的最主來源，在各種倫理學說中莫不針對「欲望」與人類行爲間的關係，加以探討；而有主張利用欲望者、節制欲望者、克除欲望者等等不同的強調。基本上儒家並不否定人的欲望，反而更重視人的欲望問題。

孔子認爲人若放任人的欲望追求私己的利益，未必然都能獲利，徒然增加人的怨懟，所以說「放於利而行多怨」。但這也正是提昇人道德尊嚴的一種考驗，「君子喻於義，小人喻於利」（《論語．里仁》），有道德教養的君子能夠在欲利的活動中，可以欲而不欲，區辨出何者爲合理合宜的欲求，做出突顯人高尙尊嚴的行爲選擇。因此在儒家的倫理思想中，特別重視對治欲望的「義利之辨」。孟子見梁惠王即以「王何必曰利，亦有仁義而已矣」，指出「苟爲後義而先利，不奪不饜」（《孟子．梁惠王上》），如此一來勢必導致社會中無窮無盡的爭鬥現象；爲了消弭人世間因爲欲望引起的無謂紛爭，要人「見利思義」，「不以利爲利，以義爲利」。孔孟的做法是希望從具有能判別能決行、具有道德性意義的行爲主體上著手，希望人能夠「以不忍人之心」、「他人有心己忖度之」，以「推己及人」、同情的理解做出合理合宜的行爲選擇。也就是因爲這種主張，孔子提契出儒家倫理思想的最重要的倫理原則——己所不欲，勿施於人。孔孟認爲欲利的活動，不該是一種放縱，而必須以「義」爲標準、先義後利，節制人無窮的欲望。所謂「可欲之謂善」，只有合於「義」的欲利行爲，才稱得上是「善」的、道德的行爲。

與孔孟相較，荀子則從社會禮制、法律規範等群體倫理的觀點立論，荀子認爲「人生而有欲，欲而不得，則不能無求，求而無度量分界，則不能不爭。爭則亂，亂則窮。先王惡其亂也，故制禮義以分之，以養人之欲，給人之求。使欲必不窮乎物，物必不屈於欲，兩者相持而長，是禮之所起也。」（《荀子·禮論》）面對因爲人的欲望而在群體中引起的爭亂紛擾現象，荀子主張應該明確的制定群體共同信守的「度量分界」，做爲群體可以依循的標準規範，使之制度化。理想的制度性規範必須對於欲望與事物的關係，做出合理的安排，「使欲必不窮乎物，物必不屈於欲，兩者相持而長」，使二者相平衡。或以爲荀子以禮樂養欲的主張，是一種「他律」的倫理學觀點。

透過孔孟荀三位大哲的觀點，再反觀全球化時代中有關欲望、競爭、利益的倫理議題，或許可以說：儒家提出了對於人的欲望在個體與群體之間如何安排的倫理思考，這些觀點都對當前的問題，十分貼切的提出了解決的思考方向。以個體爲本逐步的走向群體，儒家的倫理思想都顧慮周詳，在解決當代倫理的大方向與原則上，儒家指示出的傳統思考路徑，大致上仍然是考慮新時代倫理建構時值得參酌的。

（四）家庭倫理的重建

儒家倫理思想的另一個重要的意涵是對家庭倫理、家庭教育的重視，認爲能實踐道德行爲的主體是在家庭中出生、成長、養育、教育、死亡，人生的一切活動與過程都是在家庭中實踐與完成的。《大學》的八目中，在脩身之後繼之以齊家，就是認爲修身的基礎場域在家庭，所有社會群體倫理的基本訓練是在家庭中完成的；個體在完成基礎的訓練之後，即以家庭爲根據，向外擴展、走向社會國家進一步完成人的社會化過程。人類所有倫理關係的網絡是由家庭中開始建構的：男女個體是構成家庭的基本單元，由男女結合而成夫婦，夫婦生養子女成爲父母。而夫婦的結合不僅是男女二人的事，更是血統、倫理、文化的開端；夫婦的結縭是兩個家庭、家族網絡的結合，構成家族譜系的開端；血統在家庭中傳衍，夫婦、父子、兄弟，各種人倫親屬關係在家庭中展開、布建，構成整體倫理關係的縝密網絡，並在人際之間應對進退的活動中發展出各種德行爲的德目。總之，倫理對待的各種行爲，始於家庭。

重視「齊家」主要是因爲倫理的教育與實踐，是由家庭開始的，「其家不可教，而能教人者，無之。故君子不出家，而成教於國。……一家仁，一國興仁；一家讓，一國興讓；一人貪戾，一國作亂，其機如此。」（《大學》）家庭倫理教育是社會倫理教育的基礎，是以「齊家」爲銜接個人與社會、國家天下的最重要關鍵所在。而在家庭中由於父母與子母的關係最密切、情感最深厚，在教育子女方面，便產生了許多困難，若能做到家庭和樂無爭，才是社會和諧的最大保證。在全球化、現代化的觀念、生活、行爲變遷的衝擊下，家庭、社會結構產生了鉅變，小家庭取代了大家庭；都市化的狹小生活空間以及種種生活條件的改變，造成親屬、人際關係的冷漠；子女生育量減少，而父母對子女又過度驕縱、溺愛，是非不分好惡不明，養惡於家庭之中。最嚴重的問題誠如前文所說的，還在於電視、電子媒體取代了父母教導子女有關倫理核心價值的重責大任；儒家倫理教育建基於家庭的構想，因此受到嚴峻的挑戰。由於個人與家庭間的臍帶過早脫離，個人成爲發育不全、營養不良的早產兒；也使得個人從家庭的網絡中逸離成爲漂泊的遊魂。總之，若說全球化現代社會是個疏離的社會，那也是始於家庭成員間的疏離；而當代倫理的最大危機應在家庭。就整體儒家倫理思想而言，雖然儒家對家庭倫理、教育的構想、設計與規模十分良善；然而全球現代化劇烈變遷，導致儒家整體倫理網絡中家庭這個環結，有鬆脫的現象；值得大家警惕、深思，謀求如何先維持後補救的良方，重構家庭倫理。

（五）從國家走向大同世界的道德文化理想

總體而言，儒家的倫理思想是典型的道德理想主義，認爲倫理道德的目的不僅在成己，還要成人、成物，更要「治國、平天下」。《禮記•禮運》呈現了儒家倫理思想的極致，在建立人間天堂，認爲倫理的理想是「大道之行也，天下爲公，選賢與能，講信修睦；故人不獨親其親，不獨子其子，使老有所終，壯有所用，矜寡孤獨廢疾者，皆有所養；男有分女有歸；貨惡其棄於地也，不必藏於己；力惡其不出於身也，不必爲己。是故謀閉而不興，盜竊亂賊而不作，故外戶而不閉，是謂大同。」相對於「大同」的理想，「天下爲家、親其親、子其子、貨力爲己」，以城郭溝池劃界自固，以禮義正君臣、篤父子、睦兄弟、和夫婦，設制度、立田里、賢勇知，以功爲己等等，一般人們認爲合理的道德都只是一種自我劃界、設限，才形成的。如此的作法，仍不免爾虞我詐，終究會有衝突發生，所以只是「小康」之局而已。

在儒家的理想構劃中，世界大同是人類所「期待」的盛世，是個「道並行而不悖，萬物並育而不害」、全球一體天下一家的世界；每一個人都是德行圓滿的仁者，懂得尊賢容眾、嘉善矜不能，人人平等互惠；充滿自由喜樂，沒有任何恐懼、怨懟、憂患；只有和平、能愛而沒有任何鬥爭的人間樂土。在這個理想的大同世界中，國家從制定法律、控制權力與維持秩序中釋放，人人都是道德高尚的自我立法者與自我管理者。儒家倫理思想的這種大同理想，並非一種高調，而是以人爲本，從現實中發現事實問題的癥結，依應然的理想加以改造，在知其不可而爲中寄予心中期待與嚮往世界的呈現；並以此作爲規約人改過向善，並往「止於至善」的邁進過程中，不斷自我修正、調整、發展而改過向善，引領人不致迷失的北極星。

從儒家倫理理想的觀點反觀全球化的倫理現象，可以發現全球化首先呈現一種衝決疆界藩籬的現象，但往往並不是採取一種和平的手段，而是以各種形式的強力手段，不論對願意與否；也因爲如此才造成了世界上許多區域的變亂與動盪。在全球化的趨勢下，知識、科學、科技、商業、電腦網路等等，已然發展出無疆界的現象，但這些並不代表人心理上、文化上、信仰上、國土上的打消了疆界。唯有基於自由平等、尊重寬容、甘心樂意、無絲毫勉強的撤除任何有形無形藩籬，主動樂於消除疆域，融洽爲一，才能達到真正的全球一體。雖然到目前爲止世界在全球化的趨勢下，仍處處充滿危機與風險，依儒家的看法變亂正是著治太平的良機；真正的大同必須本諸仁民愛物的忠恕之道，以德服人，是以倫理文化完成大同之世的實現。

三、結論

總而言之，儒家的倫理思想長期以來一直在中國文化圈中被傳頌、施行，而融洽、浸漬在所有的文化生活之中，轉化成爲中國人日常生活的一部分，「百姓日用而不知，咸以爲自然」，因此想要周全而深刻的加以反省論述，事實上有相當困難。本文大致上循著儒家經典的脈絡，擇其要者分爲五點：一、以人爲本，因時損益、窮變通久的動態建構的倫理觀點：二、脩身——倫理道德知識的建構；三、對治欲望的義利之辨；四、家庭倫理的重建；五、從國家走向大同世界的道德文化理想等，闡述儒家倫理思想的精義。大體而言，儒家以人爲本的倫理思想之所以能深入人心知行的活動中，是因爲儒家認爲「道不遠人，人之爲道而遠人，不可以爲道」，說穿了儒家倫理思想的要旨不過「以人治人，改而止」；不尚空言，務求「簡易」，「易則易知，簡則易從；易知則有親，易從則有功。有親則可久，有功則可大。可久則賢人之德，可大則賢人之業；易簡而天下久理得矣。」（《周易‧繫辭上傳》）也就是說，儒家的倫理思想不離事而言理，處處與人生相契合，所以才能在人心中紮根，傳諸久遠。

其實要談論傳統中國儒家倫理思想、文化在當代全球化時代中價值與意義問題，就是重評估傳統中國文化的深層意義問題，這是個嚴肅而困難的議題。重新評估傳統儒家倫理思想的價值，首先必須深入到自我文化的精髓，加以掘發，闡揚真實的奧義；再者必須深入全球化的複雜現象，揪出隱藏在背後的核心問題，然後在比較中發現有別於西方文化中的核心價值，發掘屬於自我文化的核心價值所在，這些都需要比較嚴謹而精密的比較研究。經過以上概略的對比，大致上可以發現傳統儒家的倫理思想，其實也可以說迄今仍然存在於當今中國文化根柢深處的倫理價值觀念，正遭逢全球現代化最嚴厲的衝擊與挑戰，而這也正是考驗儒家倫理思想是否真是可長可久的試煉，值得關心儒家倫理思想的進一步的觀察與思考，在此謹就上文論及的部分，提出在儒家倫理思想中足以提供全球化時代可能具有參考價值的部分，撮要說明於下：

第一、儒家「以人爲本」的倫理思想，在許多宗教信仰逐漸轉變的時代，更顯得重要，尤其是錢賓四先生以「人類自己之道德心性修養來代替宗教」的看法與主張，點出了儒家倫理思想的可貴價值所在，值得進一步的研究與發揮。

第二、全球化時代中量身打造個人知識、終身學習的觀念日益受到重視，而《大學》標舉三綱八目中以格致誠正爲脩身之本的說法，值得提供現代的人類規劃自我學習的參考。

第三、儒家對治欲望而嚴辨義利的看法，無疑是給在現實、競爭社會中一味追求功利、追求欲望滿足者的一記警鐘，喚醒迷失在物欲中的良心，重新考慮是否應該重新拾回人們自我放棄的道德理想，在全球化的時代做個有理想有尊嚴的世界人。

第四、有關家庭倫理的部分，儒家認爲倫理、價值的學習與教育始於家庭之內的構想與規劃，在全球現代化家庭、社會結構的轉型狀況下，家庭的結構與功能與以往相較，鬆散了許多，也改變了許多。人從家庭中逸離，成爲孤伶伶的個體，終究人還是必須回家，找尋可以安身立命之處。傳統家庭倫理的核心價值，依然有存在的必要，或許有些價值可能不合時宜，但相信即使家庭結構轉變了，儒家所規劃的家庭倫理、家庭教育的重要理念、內容與做法，依舊會對未來倫理有相當的價值。

第五、儒家世界「大同」的理念，將不僅只是中國倫理思想的終極理想，許多「大同」思想的內容，已成爲許多國家設計完善而且已經執行的社會福利政策，這些證明了儒家大同世界的理想並非只是空泛的理想、口號，而是人類共通的道德理想，即使在快速變遷的全球化時代中，仍值得做爲全人類共同追求的目標。

參考書目：

1.〔宋〕朱熹，《四書集注》。台北：世界書局，一九六二。
2.〔宋〕朱熹，《易經集註》。台北：文化圖書公司，一九七二。
3.〔清〕孫希旦，《禮記集解》。台北：文史哲出版社，一九九〇。
4.錢穆，《中國文化叢談》二冊。台北：三民書局，一九八六。
5.〔德〕赫爾穆特・施密特著，柴方國譯，《全球化與道德重建》。北京：社會科學文出版社，二〇〇一。
6.〔美〕羅蘭・羅伯森著，梁光嚴譯，《全球化－社會理論和全球文化》。上海：

上海人民出版社，二〇〇〇。
7.〔法〕阿蘭・圖海納著，狄玉明、李平漚譯，《我們能否共同生存？——既彼此平等又互有差異》。北京：商務印書館，二〇〇三。
8.〔英〕齊格蒙特・鮑曼著，張成崗譯，《後現代倫理學》。南京：江蘇人民出版社，二〇〇三。

全球化與社會倫理探討

社會學系教授仲崇親

摘要

全球化早在一九八五年首被泰奧多爾・萊維（Theodre Levitt）提出後，尤其在二十世紀後期，全球相互依賴性與全球整體意識兩者的日益加速的增強。圍繞「全球的」（Global）形成的術語正不斷地擴散，現在更顯示人們對全球化的關切，在這種狀況下，無論世人是否意識到，倫理精神在社會中的重要性以及影響力；當今人類面臨的諸多議題中，人們理應提升其心智，開闊其視野，不應再用「以鄰爲壑」的自利的角度去從事倫理的思考。本文首先從全球化與社會倫理的整體面切入，剖析人類傳統的道德和價值。倒錯的道德意識結構，以及全球化之下新的社會倫理概念。進而以中國傳統倫理做爲全球化與社會倫理的資源，從歷史的角度作系統的析述。同時再以西方的社會倫理——道德人權、倫理正義、自由、平等與寬容等學說與理論相呼應。以期用我國的習語「致中和」的普遍的道德要求；實踐古希臘羅馬斯多亞學派哲學家「順應自然而生活」的教誨；以及近代學者們持續提出的社會倫理的各類主張，重建人類社會的道德文化與倫理秩序。

關鍵詞：全球化、市民社會、啓蒙運動、生態倫理、王霸之道、道德革命、現代性、文化多元論。

壹、緒　論

全球化（Globalization）一詞最早是由泰奧多爾．萊維（Theodre Levitt）於1985年提出的。他在《哈佛商報》上的一篇題爲「談市場的全球化」一文中，用全球化這個詞來形容以前二十年間國際經濟發生巨大變化。即商品、服務、資本和技術在世界性生產、消費和投資領域中的擴散。萊維認爲，全球化只是涉及到國際貿易，特別是跨國之間的全球化管理以及它們在世界各地建立工廠並銷售自己的產品能力問題。根據上述的定義，全球意味著看市場的融合，意味著跨國企業可以在全球化任何地方以同一方式銷售自己的產品。二十世紀最顯著的特點就是世界大多人皆被納入到一個真正的全球化國際系統之中。若從物質角度來看，全球就有一〇〇地方都被連接在一起，信息的快可以在瞬間與地球各處聯絡；搭乘交通工具亦可在一天的時裡到達世界任何地方。從交通、訊息、金融、貿易等各方面，皆已形成一體化全球空間。（程光泉，二〇〇二）

全球化過程發展較早，然而其概念，既括世界的壓縮（Compression）又認爲世界是一個整體的意識的增強。雖然二十世紀後期全球相互依賴性與全球整體意識兩者日益加速增強的情況保持一致，但是，我們也必須要強調的是，全球化並不等同於、也不能看作是一種不定型地表達的現代性的直接結果。「全球化」這個名詞，在二十世紀八十年代初或八十年代中期，學術界還不承認它是一個重要的概念，直至其後五年裡它的使用才逐漸地增多，到現在盡管此術語已被廣泛地而且確實是矛盾地被使用著，可是，它本身已經成爲「全球意識」的一部份，成爲圍繞「全球的」（Global）形成的術語正不斷地在擴散，現在更顯示了我們當代對全球化的關切。因而《牛津新詞語辭典》中（Qxfard Dicfionary of new Words,1991:133）實際上將「全球的」列爲一個新詞，並特地專門強調它在「環境專門保護術語」中的使用情況。然而，這是一種誤導。同一本辭典還把「全球意識」定義爲接受（和理解）本人自己文化以外的文化，並常常作爲對世界社會經濟問題和生態問題的評價的一部份（梁光嚴譯，二〇〇〇）。

無論人們是否意識到，倫理精神在社會中總是一種生態的存在，其中問題在於倫理與社會的生態關係是否合理。倫理與社會的生態關係表現得最充分的是「倫理」層次。黑格爾從實體的意義上去理解倫理，把倫理當作社會生活中的整體和生態的存生。他從客觀唯心主義出發，把倫理視爲一種精神的、活生生的、有機的世界，認爲它有自己生長發展的過程。黑格爾指出「社會」的三大領域及其辯證結構：自然社會——家庭、市民社會、政治社會——國家；自然社會（家庭）——市民社會——政治社會（國家）。顯而易見的，家庭、市民社會、國家是倫理精神的潛在，也是倫理——社會的三種生態形式。

家庭是社會的細胞，是倫理精神的自然生態。家庭作爲倫理精神的自然社會生態的依據有三：其一、家庭是直接的或自然的倫理精神，具有不證自名的合理性與神聖性。其二，家庭是一種自然的和統一的倫理人格。其三，家庭是倫理——社會生態的肯定型態。在子女的成長和財產關係的分裂中，家庭走向解體。完成自己的使命，過渡到市民社會，市民社會的倫理主體具有兩個原則：一是特殊性原則，以個體爲目的，是各種需要的整體，表現爲自然必然性和任性；二是普遍性原則，個體必須通過他人，通過整體，才能得到自己需要的滿足。國家則是透過權力的運作解決普遍性與特殊性的矛盾，使個體性、特殊性統一於整體性。（樊浩，二〇〇一）。

貳、全球化與社會倫理

全球化意味著經濟、政治、文化以及社會等發展皆超越了傳統民族國家的範圍。當今人類面臨全球性的大氣層暖化與污染；世界貿易體系的形成及其規範；國際機構對於實施種類絕滅以及大規模屠殺國家所進行的人道性干預，以及將全球視爲「單一社群」時所面對的理論課題。面對諸多議題，人們理應提升其心智與視野，不再用「以鄰爲壑」的自利角度從事倫理思考。

一、從《走向全球倫理宣言》講起：

一九九三年來自世界各地六千多位宗教界領袖、神學學者以及一些有著個人宗教背景或沒有宗教背景的學界或新聞人士聚集於美國芝加哥，召開了「第二屆世界宗教議會」。在大會的最後一天發表了這篇「宣言」，得到絕大部分與會代表的認可和簽名。宣言中呼籲建立一種全球倫理的基本理由是，我們這個世界正於苦難之中，而各種難以歷數的而又深刻的當代人類苦難之根源或癥結之一，即是道德危機。這已經使我們是以認識到「沒有全球社會倫理」便沒有新的社會秩序。此一問題（建立全球社會倫理）背後的意圖只在揭示一個事實：如果當代倫理學理論不是喪失了一種基本的理論自覺和思考能力的話，那麼它——無論以何種知識系統或倫理形式出現——至少可以被看做是處於一種不足以處理或應付我們這個時代和世界道德問題的思想衰弱狀態。以史學的觀點看，這種狀態早二十世紀初，倫理學隨著現代科學主義的勃興而迷惑於某種純粹知識論誘惑的同時，便已經出現了，所謂分析論倫理學的興起便是顯証。若從更廣闊的道德文化視角來看，導致這種思想衰退狀態的內在原因，也可以在二十世紀初尋出端倪。兩次世界大戰的災難不僅加遽了人類現代理性的絕望，而且使理性價值的重建似乎變成遙遙無期的夢想，當二次世界大戰最後的一縷硝煙在柏林圍牆慢慢消散後，人類驚愕地發現，隨上帝已死去的不僅是傳統的道德和價值，而且是人類道德理性本身，「重新評估一切」似乎不只是一切傳統道德與既定價值遭受遺棄的不祥預兆，也愈是「重新估價」（德國哲學家尼采語）本身的艱難和無望。在二十世紀八〇年代末兩極對峙的冷戰格局解除後，人類卻面臨著一種文化和道德建設的困境，即在文化多元奇異取代了兩極分立緊張的格局之後，人類面臨著如何尋求道德公度或道德共識的困難，而七〇年代以來西方普遍主義的倫理學理論的嘗試，包括從「新功利主義」（布蘭特．斯馬特等）到「新自由主義」（羅爾斯，J. Rawls）的社會倫理學等，皆未真正克服此一困難。（萬俊人，一九九二）

二、是當代道德問題——一種倒錯的道德意識結構：

當人類賴以生存的地球已經在我們毫無節制的掠奪性開發中變得越來越不堪負荷，以至千瘡百孔。是我們對自然無情的「征服」，使地球的生態遭受破壞；是我們自己污染和破壞著我們生存於其中的地球，甚至把污染帶出了地球，擴散到宇宙空間；…而這一切竟都是我們以「追求人類幸福」和「現代化」的名義造成的。爲甚麼我們不能更早些意識到臭氧層、水土流失、生態失衡、空氣污染、人口爆炸……這類問題對我們生活和世界所造成的嚴重性而總是習慣於掠奪性的開發、無節制的改造、主宰式地利用我世代都生活於其間的地球。現代人類的物質生活和創造生活的各種技能雖是盛況空前，諸如：登陸月球、宇宙飛船、衛星通訊、信息高速公路、機器人、試管嬰兒、克隆技術……等，讓人類自豪不已的科技成就，創造了比過去任何時期更豐碩的生活。但是卻無法使我們的生活和心靈寧靜、幽雅、健康、從容與和平。相反地，要忍受飢餓、逃荒流浪、營養不良，乃至疾病與死亡，凡此種種並沒有因而減少，而是更加嚴重；我們創造了電腦這一先進技術工具，卻又讓它成爲傳播黃色毒素的渠道；我們創造了克隆動物的奇蹟，卻使我們的心跳反而因高速交通工具和生電機光的產生而變得更加急促、焦慮和恐懼；人類相互理解反而因爲通訊工具的現代化變得更加困難而更多誤解。人類的現代並始終困擾著我們，以致我們無法毫無顧慮地說，人類 21 世紀比過去更加美好和幸福。（萬俊人，二〇〇一）

三、以全球社會倫理作為一種新概念：

現代倫理學的理論演繹同整個現代倫理觀念本身的變化一樣，終止處於姑且稱之爲「現代性情結」的糾葛中。透視現代歐美倫理學的理論嬗變，我們不難發現倫理學的「現代性情結」自近代啓蒙運動而已生成。麥金泰爾曾指出：「啓蒙運動」

以來的「現代性道德謀劃」，已被證明是徹底失敗的。其原因：首先由於它在倫理上固執以所謂「普遍性主義」爲基本的假設或前提的普遍規範倫理學立場，試圖把一種：「個人主義的自由主義」道德法則，擴張爲普遍適用的倫理原則，而現代的道德生活事實上是由於歷史情景和文化傳統的多樣性差異所致，更重要的是由於個人主義道德意識對現代人所產生的深刻影響所致。現代人類道德的可公度性已不可能。其次，從實踐方面看，現代倫理又是情緒主義的、非理性的。現代人過度強烈的個人慾望使自己常陷入道德懷疑論和道德主觀主義。這就造成一種矛盾：一方面是現代倫理學的普遍性主義的追求；另方面卻是現代人的自我主義價值的追求。兩者南轅北轍，造成現代性道德必然失敗的命運。（萬俊人，一九九六）麥氏的這種診斷雖有失激進和偏頗之處，但大體上卻有一針見血的透徹。事實上自十七世紀以來，西方倫理界就一直在爲現代社會尋求合理有效的倫理學理論解釋和道德辯護，先後產生形形色色的道德理論。從英國道德理性主義、情感主義和功利主義，到以德、法爲中心的道德理性主義；從發源於歐洲大陸的現代自由主義；以及其他以各種各樣的學派名稱標榜的倫理學說，都以它們各自不同的倫理解釋方式和理論方法承擔過這一理論使命。人類歷史發展至今，尋求某種絕對普遍和統一的道德解釋或倫理學解釋已成爲一種難以預期想望。多年來，各種世界性組織以及宗教團體，先後都以各種不同的方式，提出各種新型人類倫理概念，諸如：「地球倫理」、「全球倫理」、「生態倫理」、「環境倫理」、「世界道德」等等，其名稱不一而是。

參、中國傳統倫理作為全球化與社會倫理資源

一、儒家主導的中國傳統倫理之內在脈絡：

中國傳統倫理實際上應被看做是以儒家倫理爲主導的。在儒、道、釋三大倫理譜系之外，尚有楊墨利己主義和功利主義、魏晉玄學等邊緣性道德思潮。

儒家倫理，其根源至少可溯及夏、商、周三代的原始宗教禮義和「德行」文化。孔子所謂「克己復禮」的思想，表示出他和他的學說所秉承的文化志向，其中以仁義道德闡揚周禮之政治德行倫理文化，以便在戰國紛爭，「禮崩樂壞」的社會狀態下重建社會政治秩序和文化價值規範，乃是其創儒學的基本目的之一。從治學《春秋》到遊走列國；從興學授徒到講解仁義道學，終身都在致力於此一目的達成。《論語》是他道德倫理思想的結晶，也是他文化教育人生的紀實。經過稍後孟子有力而

完備的倫理提升，使得以「孔孟爲核心的道德」的儒家倫理得已確立。

先秦時期孔孟儒學並不具有宰制性的社會意識型態權威，而是一種「強權即公理」的邏輯，而非文化道義。因孔子及其學說並不爲當時所器重。從他「奔走列國」、「困厄荒野」的史事記載，到秦始皇的「以法爲教、以吏爲師」，以至「焚書坑儒」，皆印證了這一點。不過，秦王朝的滅亡否定了這種邏輯。兩漢時代另一格局的出現，是經秦以後的社會政治家和思想家反思歷史，辨別「王霸之道」的結果。當時著名的政論家和思想家賈誼與陸賈先後將漢興秦亡經過反覆比較後，才接受董仲舒的「罷黜百家，獨尊儒術」的獻策。隨著儒家學說的官方化正統地位的確立，儒家學說才獲得理論的提升。這種產生的表現在兩方面：其一、以一元化論證的方式確立儒家學說之爲正統社會文化價值觀念的型態。其二、通過宇宙本體論的方式，提升儒家及其倫理的理論品位，在建構儒家天人哲學本體論的同時，完成了儒家道德神學的理論建構。

魏晉玄學的產生既是儒家正統價值觀出現危機的歷史見證，也是儒家成爲中國文化道德主流觀念系統以來所遇到的第一次挑戰。

南北朝至隋唐興起的道、佛兩教本濫觴於漢代，但兩者都經歷了一個較長期的潛伏生長期。本位老莊道學，流演於民間的本土宗教。它對於儒家倫理挑戰，可以看作是一種平民主義道德觀對權威主義官方倫理的衝擊。佛教對儒家學說的衝擊則要嚴重的多。自西漢末年傳入中國的佛教，到隋唐時期達於鼎盛。由微到著，佛教在中國文化中歷經了一連串陌生的遭際，到相互探詢，再到相互對話，最後相互容忍、互補、共存，乃至於趨同的漫長過程。

宋明理學由「北宋五子」，即周敦頤、邵雍、張載和程顥、程頤奠基，至南宋朱熹以集「理學」大成。理學援韓愈復興「統道」之名爲目標，同時又越過漢唐諸儒學說，直接承繼孔孟之道，此和程頤「得不傳之學於遺經」，復明聖人之道之所謂者。

明清之際出現的越來越強烈的理學批判思潮。從此，中國傳統儒學倫理學說便被迫開始了它茫然失據、顛沛流離且不斷陷入斷裂脫臼，遭受打擊的困難歷程。（萬俊人，二〇〇一）

二、儒家的倫理核心理念和價值結構

（一）、仁、義、禮、智、信：

在儒家倫理觀念中，所謂人學即仁學「成人」與「成德」是一而二，二而一的事情。何謂人性、人道？《中庸》首章曾有一概括性的解釋：其云：「天命之謂性，率性之謂道，修道之謂教，道也者，不可須臾離也，而離非道也」。

「爲人由己」（論語顏淵）。「仁遠乎哉？我欲仁，斯人至矣」。（論語述而）。「仁」主要指待人的倫理態度和規範，其中最基本的包括：「親親」仁愛的孝悌之仁；「泛愛眾」的愛人之仁：和合乎禮義秩序的天下之仁。

「夫子之道，忠恕而已矣」（論語里仁〉。按後儒道行的解釋。孔子的「忠」是指「己欲立而立人，己欲達而達人」；其「恕」則指「己所不欲，勿施於人」。

「禮者，人道之極也」（禮論）。

「禮者，法之大分，類之綱紀也」（勸學）。

「親親，仁也；敬長，義也」（孟子盡心上）。義即指人倫等善的倫理規範。與「義」的概念性質類似，「智」也是一種工具性價值範疇。

「智仁不惑，仁者不憂，勇者不懼」（論語子罕）。

「吾日三省吾身，爲人謀而不忠乎？與朋友交而不信乎？傳不習乎」（論語學而）

「盡己之謂忠，以實之爲信」（四書章句集注）

「君子務本，本立而道生，孝悌也者，其爲仁之本歟」（論語學而）。

(二)、親親、孝慈：

「親親爲仁」。

「夫孝，德之本也，教之所由生也」（孝經）。

「天經地義」，「夫孝，天之經也，地之義也」（孝經）。

《孝經》規定。孝之基本內容爲：「事親、事君、立身」三方面。事親即「愛親」、「敬親」爲孝之始（仁）；事君即「忠君」爲孝之展開（義）；而立身即自尊自愛爲孝道之歸終（行）。此所謂「夫孝，始於事親，中於事君，終於立身」（孝經）。

(三)、義利（理欲）：孔子的基本道德立場是：

「義以爲上」。「義然後取」。

「富與貴。是人之所欲也；貧與窮，是人之所惡也」。他反對不義之利和不義之取。「不以其道得之，不處也」。「不以其道得之，不去也」（論語里仁）。

孟子的義利觀概述爲：「去利懷義」。他認爲道德行爲根本價值原則上應當「由仁義行」。

漢董仲舒也有：「義利兩養」，即「利以養其體，義以養其心」。但當他作出：「正其誼不謀其利，明其道而不計其功」的結論時，顯然是在作一種社會道德價值取向的根本性判斷。

宋代理學則進一步自孔、孟至兩漢的義利之辨，轉換成天理人欲之辨或公私之辨。

（四）、中庸之道：知性、盡心、至誠：

孔子最早將「中」（合宜合禮，持中執中）與「庸」（恆常，用）連綴成一個倫理學概念，並賦予特殊道德意義。孔子後，經孟子，《中庸》，直至宋明儒的闡揚發揮，便成爲儒家倫理思想的一個核心範疇，使儒家的倫理的德性修養理論更加豐富周備。

孔、孟之後，《中庸》將「中庸」和「誠」兩個範疇進一步擬升到道德本體論的層次。其云：

「喜怒哀樂之未發，謂之中；發而皆中節，謂之和。中也者，天下之大本也；和也者，天下之達道也。致中和，天地位焉，萬物育焉」（中庸二章）。所謂「中和」即是「中庸」或「中道」。

三、儒家倫理傳統的現代轉化向度：

（一）、立場與理解：所謂現代文明或文化立場，不只是一種單純的現代人的立場，更主要的是指一種現代社會文化型態、價值評判和道德觀點。現代的社會文化型態總是向前看，其思維方式也是前進式的。就物質技術和社會制度等顯性層面而言，這種文明或文化型態，甚至這種思維方式當然是沒有疑問的。但就人文道德生活質量和倫理環境，並不一定決定優於他們的前人，甚至於他們的精神負荷，遭遇到的道德困難（如吸毒、核子戰爭威脅等），遠超過他們的前人。所以現代優於傳統的判斷是有問題的。

美國學者希爾斯教授在其所著《論傳統》一書中對傳統的積極理解包含兩個原則的論斷：第一、真正的傳統不僅是「活著的」不可判斷的文明或文化之鏈，而且關乎社會生活的秩序和質量。第二、傳統自身的延續或傳承包含顯形的制度或體制形式的外在層面和信仰、道德與精神等「社會內聚力」的內在隱形層面。

（二）、層次與意義：在理解基礎上，我們將儒家倫理的現代轉化問題分爲三個基本層次來分別討論：

社會倫理精神或價值的觀念轉化：它是社會倫理生活變化的晴雨表，也是整個生活變革概念的先導，甚至在重大的社會轉型關口，它還可能成爲社會變革的旗幟。十五至十八世紀的歐洲人道主義啓蒙運動和稍早一些的宗教改革是如此：中國辛亥革命的思想領袖和政治領袖們提出「道德革命」和「革命道德」到「五四」新文化運動喊出「打倒孔家店」口號的近代道德啓蒙運動也是如此。兩者的差別，在於轉變動因的自覺主動與漸進被動之別。如果說，孫中山先生的「道德革命」主張和「革命道德」建設策略，標誌著近代中國社會倫理觀念變革的開始，那麼「五四」新文化運動則以其「打倒孔家店」的口號宣告了這一倫理變革運動的徹底性目標。不過這些理解都是外在性的。近代西方人道主義（自由、平等、博愛）啓蒙新道德取代傳統理論觀念的替代過程。

儒家傳統倫理觀念型態的現代轉化，其基本依據爲：(1)作爲中國社會兩千多年的的主導性倫理傳統，儒家倫理不單是中華民族道德智慧的結晶，也是無法拋開或掙脫的傳統紐帶。(2)我們不能簡單地儒家倫理傳統看做是一塊僵死的封建社會傳統社會的文化化石，它是一種活著的有生命力的文化精神，一種持續連貫的不可中斷的道德普系。(3)現代中國儒家倫理觀念乃至具體倫理規範（親親孝道、仁義禮節、智德兼修等）仍然發揮著獨特持久的影響。(4)希爾斯教授的傳統研究成果提示我們，任何新傳統的創造本身也只能在舊傳統的基礎上藉助其資源轉化而成的，絕無另起爐灶而能獲得成功之可能。

儒家倫理傳統轉化的第二個層面是倫理生活傳統的轉化：其主導地位不單表現爲他對中國傳統社會文化價値系統的支配性，更重要的是表現他對中國民眾日常倫理生活和社會倫理秩序的深刻影響和規範作用上。直至今日，這種影響依然真切可感。

中國儒家傳統倫理之現代轉化的第三個層次是所謂制度倫理層次：先秦儒家對社會倫理秩序和制度倫理的探求只是停留在一般道德文化和倫理學理論的層次。在漢朝董仲舒「獨尊儒術」的政治政策的驅使下，將儒家的基本倫理理念和規範提升到「綱常」、「名教」（三綱五常）的社會倫理制度和倫理秩序的地位以後，儒家倫理作爲一種社會倫理傳統，就不僅具有社會意識型態化的思想宰制性權威，而且也具備了社會根本政治制度和法律秩序的體制化特點。

四、儒家倫理作為一種全球的社會倫理資源：

（一）、從意識上來看，儒家傳統倫理的積極性：

儒家關於個人心性美德及其修養之道或「成德之道」的理論，爲現代人自身德性生活的改善和內在精神需要，貢獻了可以分享的珍貴資源。

儒家倫理作爲一種具有強烈人文主義精神的德育理論，可以爲現代人類提供一種可資參照的智德雙修的文化教育圖式，以幫助人們辨識和矯正現代社會中過於強勢的唯科學主義價值偏向和單純知識論的教育偏頗。

在全球一體化層面上，儒家傳統的人已關係倫理爲當代日益突顯的生態倫理或環境倫理提供了一種「天」、「人」合道的倫理提出。

（二）、「地域性」與「普世性」：

文化的地域性或差異性是在先的，前提性的，因而文化傳統和價值觀念的差異性和多樣性必須得到應有和平等的尊重。在多元文化交流的過程中，這一點同樣具有在先考慮的特點。

一種地域的文化能否轉化爲可普遍化的文化價值觀念或知識，取決於三個方面的因素：其一：該特殊文化所具有的可普遍化的內在資源與潛能；其二、有利於知識普遍化的外在文化條件或知識氛圍；其三、多元文化傳統之間充分有效的相互瞭解和對話。

儒家文化面對強大的現代文化衝擊，有經歷了一個抵抗到認可，再到主動吸收的歷史過程。而這一迎接挑戰和自覺實行現代轉換的過程，實際也是它逐步超越其傳統本土性、特殊地域性而贏得其現代普遍性的具體表現（萬俊人，二〇〇一）

肆、西方社會倫理的基本理念：道德人權、倫理正義、自由、平等與寬容

一、道德人權：現代性道德的批判與辯護

（一）、「現代性」道德的兩難：有一個值得注意的全球化現象：隨著二十世紀鄰近終結，文化多元論（pluralism of culture）不僅作爲一種民族國家的文化策略甚至是政治策略，從當今世界政治、經濟、文化和道德的視域中凸顯出來。人們強烈地意識到一個世界性的文化事實；綿延生長了三百多年的「現代性」文化和「現代性」道德，已經不知不覺地由一種批判的、革命性的文化價值觀念系統，轉變成

了一種被批判的對象，陷入了自我辯護的文化困境。一方面，它由現代人和現代世界的文化理想變成了「後現文化」的超越對象；另方面，它由傳統文化的挑戰者變了被傳統文化挑戰的對象。當麥泰爾教授以無庸置疑的口吻宣稱「啓蒙運動」以來的現代性道德謀劃已然徹底失效時，他所依據的基本理由，正是這一現代性文化的兩難背景（A,Macintyre,1981）。

（一）、普遍理性主義：一般認爲所謂現在性（Modernity）至少包括三個基本要素：即市場經濟、民主政治和個人主義。科學理性和進步理念所支配的道德價值觀念系統具有幾種基本特徵：第一、普遍理性主義：由於科學理性被認定是普遍合理的和唯一科學的，因而建立在科學理性基礎上的倫理價值觀也必然是普遍理性的；第二、普遍性主義信念促使現代倫理學選擇了一種知識論或道德認知主義的理論方式；第三、現代主義的「進步」價值觀。這些道德的「現代性」特徵，從不同側面集中反映了一種基本了倫理精神，也就是現代性道德的普遍性主義的精神。

（二）、現代性道德的批判及其根源：現代性道德的訴求和謀劃是可以理解的，但其尋求的方式是有問題的，其可能實現的社會文化條件是不充分的，因而它本身必須給予限制和重新解釋。首先，僅僅按照知識論的方式或邏輯論證的方式來尋求普遍倫理是不充分的，甚至是有疑問的，其次，僅僅按照譬如說經驗主義的實證方式來尋求普遍倫理也是不充分的。最後，現代性道德觀念的一個最大難題是它非但不能在道德價值上證明「現代性」的「進步」價值觀，反而因爲它自身的現代困境和失誤而否定了這一基本價值價系統的現實有效性。（萬俊人、二〇〇一）。

二、倫理正義：

（一）、倫理正義的優先性：正義（Justice）自古以來便是人類最基本的倫理觀念，也是基本原則。因而正義本身具有多種價值特性，它既是一個道德倫理的基本範疇，也是一個政治學的基本範疇。正義或倫理正義作爲社會倫理與個人美德倫理之基本理念和原則的雙重含義規定，揭示出它本身的綜合性概念性質。

（二）、功利或正義的社會倫理選擇：無論存在多大的倫理困難或實際限制，倫理正自古自今始終都是人類探尋一種普遍倫理原則的基本出發點之一，在絕大多數古典道德文化傳統中，倫理傳統幾乎無一例外地被當作人類道德的基點，以至於十九世紀俄國著名倫理學家克魯色特全的「沒有正義」便是「沒有道德」成爲一句至理名言。

我們發現人們探尋的普遍倫理的基本上不外乎兩種，一種是所謂「目的論」（Teleology）；另一種是所謂的「道義論」（Deonlology）的。前者其核心道德理念是「善」；而後者的倫理特守的是一種「正當」（The Right）優先於積極善的價值立場。是一種基本行爲層次上的「合宜性」標準。基於這樣一種正當規範的行爲，才是有可能普遍化的道德行爲，（唐越譯，一九五七）而以此爲基本道德立場的倫理學，才可能成爲一種普遍倫理。

（三）、羅爾斯（John Rawls）正義論模式解釋：按照羅爾斯的解釋，在一個以「個人的多元性及目的的分離性」爲本質特徵的現代社會裡，能夠合理建立起來的社會倫理，既不可能是功利主義的目的論，也不可能是從笛卡爾式的「自明真理」中推導出來的。在其《正義論》的前言中，他開宗名義地宣稱：「我一直努力爲的就是要使洛克、盧梭和康德所代表的傳統社會契約論進一步普遍化，並將之躍升到一個更高的抽象層次」。由此，他將開創一套「不僅可以替代而且優於占支配地位的傳統功利主義」的正義倫理學（John Rawls, 1971）。在對正義原則的應用程序，特別是代際應用問題進行具體而系統的論證之後，羅爾斯結論正義原則系統作了一種詳細表述：第一原則，「每一個人對那種與所有人都擁有類似的自由系統相應的具有最廣泛之平等之基本自由體系都應該擁有一種平等的權利」；第二原則，社會和經濟的不平等應這樣安排，以便它們：一、在與正義的儲存原則相一致的情況下，適合於最少受惠者的最大利益；二、附屬於機會均等條件下的職務和崗位對所有人開放。

(四)、幾點評論：在方法上《正義論》雖然選擇了近代契約論傳統理絡，但是，仍然能夠引起廣泛關注的現代文化背景。就現代倫理的主題定位而言，尤其表現出鮮明的時代創新特點和現實適應性。最後，應該說，羅爾斯是成功的，他的《正義論》對社會契約論正義倫理的重建的努力，使他獲的巨大的學術成就。

(五)、全球倫理的正義原則：文化寬容與公平競爭，其具體規定有三：(1)多元文化的平等與寬容；(2)公平競爭；(3)非暴力解決的正義校正；或權力與正義合理再分配。

三、自由、平等與寬容：

(一)、兩種自由觀：薩特與柏林。「人生來自由，卻又無處不在枷鎖中」。（何兆武，一九八二）。何以生來自由的人卻處在普遍的限制之中？根據薩特的推論，人的自由有兩種理解：一種是存在論的或本體論意義上的理解；另一種是行動的或道德倫理的理解。薩特說：「自由是選擇的自由，而不是不選擇的自由。不選擇，實際上就是選擇了不選擇。因此，選擇是被選擇的存在的基礎，而不是選擇的基礎。自由的荒謬性蓋源於此（陳宣良譯，一九八七）。同其他自由主義思想家一樣，柏林的自由學說也是建立在反決定基礎之上的。他指出，決定論（Delerminism）有多種形式，最基本的有所謂「因果性的決定論」和「目的決定論」兩種。柏林並不認爲決定必然蘊涵宿命論的疑慮。在他看來，目的論的決定論最爲典型的表現爲某些人所信奉的「歷史必然性」觀念。他並指出：「迄今爲止，人類未找到證明徹底決定論的證據。例如有人執意將決定論當作一種理論來相信，那一定是受到某種科學主義的（Scientistie）理想，或形上理想的誘惑，否則就是因爲一心要改變社會現狀的人物，比較容易相信天命應在他們身上。……」（陳曉林，一九八六）這般結論性的斷語爲人類道德和責任尋求一種更徹底更根本的自由基礎。

現代的自由主義者，薩特的自由論是一種典型的哲學倫理學解釋，與之相對照，柏林的自由論則更具政治倫理學的特點。通過他們兩人的對照，至少我們可以了解自由理論幾個基本的問題：第一、自由決不是一個哲學的理論問題，更根本的是一個人類實踐的問題，道德問題或政治問題。第二，一般而論，自由與任何形式的決定論都是不相容的，自由意味著擺脫決定的束縛。第三、如果薩特對自由的解釋方式即哲學本身論的分式，只能作爲自由的理論預設，而不能作爲一種合理而充分的自由解釋，那麼柏林理解自由方式，是否能作爲一種合理有效的方式呢？第四、誠如薩特和伯林兩位自由思想家所指出的，自由與責任不可分割，自由既然是一種權利，也就同時意味著一種責任或義務。第五、如果我們承認柏林的「消極自由」概念具有相當程度的普通解釋力，那麼，這點如何在普世倫理的框架中得到証和解釋？

（二）、**自由與責任**：強調人的行動的可能性限度和行動方式。主要的是基於幾點考慮：首先，人想做甚麼？或想成爲什麼？當然是個人自由的基本內容之一。其次，基於人能夠做什麼和怎麼做的考量。最後，在此基礎上討論人的自由問題。

（三）、**自由的領域及原則**：英國自由主義思想家霍布豪斯（L. T. Hobhonse）首先將其概括爲自由主義諸要素。包括公民自由、財政自由等九項。另外無論何種形式的社會生活中，都不可能存在無原則、無規範的自由。

四、平等及其倫理意味：

（一）、平等與自由的內在緊張：霍布豪斯說：「自由意味著平等」，他的意思是，只要自由是所有人類而非某一個人或某一部份人的道德理想和要求，那麼自由的理想就必定與平等的要求相輔相成。與自由派相比，平等派在近代的西方社會和倫理思想中始終處於弱勢的地位。很顯然，在西方自由世界，平等派是處於社會思想邊緣的社會批判者，而自由派則是處於社會思想中心的政治意識形態的主流。

（二）、普遍平等的原則及其限制：古希臘哲學家柏拉圖把平等原則分兩種：一種是「自然平等分配原則」；另一原則是「實際機遇的平等原則」。亞里斯多德也主張社會基本道德意義上的平等，不贊成自然的（天生的）平等。盧梭則把人類不平等的歷史分三個階段：第一、是人類「發現法律和私有財產權」；第二、是「官職」、「國家」政府的設置；第三、是「合法的權力變成專制權力」。很顯然，這種論述主要是針對人類經濟的不平等狀態而言的。

五、寬容及其限度：

（一）、寬容的概念：寬容（Tolerance）是一個有著深遠歷史背景和複雜宗教文化淵源的倫理概念。其基礎是在人與人或文化與文化之間的相互平等、理解和尊重。寬容的概念的宗教根源及其與「博愛」的延伸聯繫是一個十分複雜的思想史課題。第一、基督教的宗教寬容觀念是在其漫長的曲折的歷史演變中生成的，它與基督教自身的生存和發展息息相關。第二、寬容理念的宗教淵源及其歷史流演顯示，寬容作爲一種普遍社會倫理原則的確立，與個人自由與文化多元論觀念的確立是相輔相成的。第三、寬容又與權力和權力的理性運用密切相關。

（二）、寬容的心理－文化基礎：首先、由於寬容本身是基於差異或差別前提下所產生的一種相互關係性的態度和行爲，很容易被誤解爲某種形式的不平等關係。其次無論人際寬容，還是文化寬容，要使合理可能，必須具有相互信任和理解的交往基礎。再次，寬容的原則本身表明，寬容不僅是有原則限度的，而且也是有不同程度的。（萬俊人，二〇〇一）。

伍、結　語

「喜怒哀樂之未發，謂之中；發而皆中節，謂之知。中也者，天下之大本也；和也者，天下之達道也。致中和，天地位焉，萬物育焉。」這是《中庸》裡的一段名言。人的本性，不僅有性、情、意、智的多樣性，也因人之不同猶顯出多樣的差異性；同樣，因生活環境——自然的與文化的、地緣的與歷史的，乃至先天的與後驗的，人們所創造並寄居期間的文化傳統也不僅有著各自的內在豐富的多樣性，而且相互間各具千秋，難以歸一。當人類這種多樣差異性和文化的多元競爭性守中道而無過或不及時，人類才能堅持其「人性」、「人道」之本；而當人類的多樣差異和人類文化的多元互競持守和諧與公平的原則時，人類世界才能保持其文明發展之道。於是才會有社會良好的秩序和文明的持續發達。令人驚訝的是這與古希臘羅馬斯多亞學派哲學家「順應自然而生活」的教誨，以及現代西方哲學家們所呼籲的「回歸生活世界」（如，海德格爾）、「尋求人生美德」（如，麥金泰爾）、「運用公共理性」（如，哈貝馬斯）「建立正義秩序」（如，羅爾斯）等人類社會的道德理，又何止相似乃爾！因此，在當今全球化的趨勢下，社會倫理的再建絕對有其必要性，希望以本文管窺所及，能收拋磚引玉之效。

重要參考書目

1. 李尚遠譯，（二〇〇三），《我們只有一個世界》，台北：商周出版社。
2. 柴方國譯，（一九九八），《全球化與道德重建》，北京：社會科學文獻出版社。
3. 陳宣良等譯，（一九八七），《存在與虛無》，北京：三聯書店。
4. 陳曉林譯，（一九八六），《歷史的必然性》，台北：聯經出版社。
5. 程光泉譯，（二〇〇三），《全球倫理譜系》，湖南：人民出版社。
6. 萬俊人譯，（二〇〇一），《尋求普世倫理》，北京：商務印書館。
7. 萬俊人譯，（一九九二），《現代西方倫理史》，第五篇，北京：北京大學出版社。
8. 萬俊人譯，（一九九六），《中國述評》，香港：五月號。
9. 唐越譯，（一九五七），《道德形上學探本》，上海：商務印書館。
10. 劉述先譯，（二〇〇一），《全球倫理與宗教對話》，台北：立緒文化公司。
11. 樊浩譯，（二〇〇一），《倫理精神的價值生態》，北京：中國社會科學出版社。

12. 謝水瑩等，（一九八六），《新譯四書讀本》，台北：三民書局。

13. R. Robertson,（1992）,Globalization: Social Theory and Global Culture,SAGE publication。

14. A. Macintyre,（1981）,After virtue, The University of natre Dame press。

15. I. Rawls,（1971）, A Theory of Justice, Mass Cambridge,Harvard University press。

廿一世紀人才培育元智戰略

副校長兼機械工程系教授王立文
通識教育中心副教授　孫長祥

一、前　言

廿世紀下半葉科技的高速變遷與發展，大家逐漸意識到廿一世紀的人類已經處在一個「信息社會、全球化、知識經濟」促動的嶄新情勢下，走到一個歷史變化的轉捩點上。首先，由於電腦產業技術的發展不斷翻新、通訊技術與網路傳輸的推廣運用，全球已經儼然形成一個由網路聯結成的聲氣相通、資訊快速交流的整體信息社會；各式各樣爲數甚夥、不斷更新的科技知識、信息、資本、物料、技術等透過文字、數據、影像種種不同的資訊，即時在網路間傳播流竄，擷取容易。問題是人們該如何截取、過濾、識別這些經過編碼的龐大知識數據、資料，加以轉換、組織、解釋而構成爲有意義的系統知識，以幫助人們掌握各種情勢的動態趨勢、認清現實、發現問題，並採取有效的解決方略。與信息社會相關聯的一個重要概念，則是意味著「全球化」的成形，「作爲一個概念，全球化既指世界的壓縮，又指認爲世界是一個整體的意識的增強。」或以爲「……全球化是一個歷史過程，在此過程中網絡和社會關係系統在空間上不斷擴展，人的行爲方式、積極性以及社會力量的作用表現出洲際（或區域之間）的特點。」然而也因爲「全球化正在全面展開，各大宗教之間、不同的人類哲學思想體系之間，不同的文明之間的摩擦面日益擴大。」換句話說，所謂「全球化」現象的重要意義是，全球已經由網路、通訊、交通的布建而成爲一個有機、互動的整體，「…人際交往的可能性增加、各種概念頻繁的交換、不同的價值系統相互激盪、科技經濟的普及流通等等，各地球村的成員在彼此交換訊息、相互模仿中學習，也產生了彼此的摩擦、衝突，引發了全球日益高張的競爭態勢；學術界分別從各自的立場觀察與反思這種現象，形成了所謂『全球化』的議題。」最先引領全世界走上信息社會、全球化趨勢的是現代化國家挾其先進知識、科技、雄厚資本的優勢，以全球各地資源的分布做爲考量，以世界市場爲著眼，大規模的貿遷有無，在落後國家還來不及反應的狀況下，遂行商業利益的攫取。現代化工業國家的種種做法，衝激著各國人民的生活方式、消費型態、價值觀念的轉變，並從經濟生活領域擴散到各相關的文化領域；引發了各國由被動而主動的嚴肅面對現代化、工業化國家帶來的各種衝突、挑戰與競爭，圖謀最佳的因應對策。現代化工業國家這種本質上主要是以知識爲基礎的經濟，結合了「計算技術、生物技術、電子通訊和運輸領域的巨大的技術進步，並已開始孕育經濟組織和政府按未來將要據以行使其職能的方式發生巨大的變化。」不僅如此，大眾也逐漸警覺到，「知識經濟」的影響面，所涵蓋的範圍包括了各國、國際、洲際的經濟、政治等全體人民的「交換性」行爲、公眾的公共事務，乃至於更基礎的攸關人的生命型態、生存模式、生活方式等文化的價值類型；所有的這些都超越了各種不同的疆界概念，促使各種文化群體的概念、制度、文化面臨了鬆動與轉變的危機。換句話說，「全球化、知識經濟」的現象，挑動了各種實質面、制度面、文化的衝突與價值理念的危機感，而產生調整、更新的嘗試。

二、培育華人人才的 4ICE 策略

今年四月間因本校獲得國家品質獎，本人奉校長之命代表校方出訪南韓，參觀其著名企業如三星電子及現代汽車等。華人到他國常習慣用英文與對方溝通，此行同去的台灣專家學者開始不自覺地向對方說英文，有趣的是這兩大企業都希望我們和他們用中文溝通，因爲他們都有員工會中文，直接用中韓語對譯備感親切，據說這現象是最近幾年才有的，其原因是中國經濟興起，中文已成爲另一國際性語言。不論製造業或服務業，中國大陸的人力價格都很低廉，以往素質較低，但現在人力素質亦提昇了，中國成爲世界工廠已爲事實，大前研一在其力用中國（China Shift）一書中甚至指出各國大企業爲了降低成本，他們的會計管理、電話客服等後勤服務，可能或已經開始委託中國代爲處理。由此可見，許多世界著名企業的製造部門或服務部門中國逐漸地參與進去，總的來說，華人在世界經濟體系中扮演的角色已愈來愈有份量。

按照大前研一的說法，睡獅的中國何以突然覺醒，快速成爲亞洲新強權的原因有四。第一爲各經濟區之間的劇烈競爭，使中國好像形成 United States of China。第

二是中國企業逐漸摸索出一套屬於自己的經營模式，不再單模仿某一國而是導入全球各大企業的管理模式。第三是由於資金可以各種形式進入上海和深圳，使其成爲資金充裕的龐大市場。第四是中國的勞力成本低，擁有強大的成本競爭力，而且中國工人技巧熟練，工作效率亦高。世界上的大企業想在全球化經濟中勝出就不能無視於中國的優勢。例如，瀋陽是電子或軟體開發的好選擇，照明設備在珠江三角洲，食品加工則在廈門、福州、青島等地。美國大型超市連鎖店 Wal-Mart 和 Target 目前都有四成以上的商品在中國生產，跨國企業在亞洲選擇設廠地點時，和馬來西亞、泰國競爭的並不是中國，而是深圳、上海、廣州、蘇州、大連等城市國家。東南亞國家已將這些城市視爲有力競爭對手。

在 SARS 首次出現於世的前兩個月，本人曾參觀過廣東珠海特區，當地政府極爲巧思地勻出一塊地，以非常低價提供近十所大陸內地名校在該地設分校，而不以特區內蓋一兩間新大學爲滿足。在知識經濟的時代，現代化的大學在社會經濟方面扮演極爲重要的角色，亦可成爲許多大企業的智庫。珠海特區看出大學與產業的密切關係，這種深謀遠慮，一方面延伸了各名校的觸角，同時網羅了各名校的菁英份子，積極進取，手段高明，令人嘆爲觀止。上海的浦東高樓林立，有置身於美國紐約的感覺，上海的中國人步伐加快了，商業趕上了時代潮流，逐漸開始亦引領了世界經濟的動向。令人心驚且振奮不只如此，在北京參觀故宮、長城的旅客絡繹不絕，到雲南遊山川探訪幾個不同的少數民族的人潮亦非常可觀，旅遊服務業在亞洲又有哪一國可相比呢？大陸旅遊業的品質一直在提昇，對於非大陸的居民每次去大陸都會有這個華人社會在不停進步的感覺。

本人現爲台灣一所私立大學的副校長，常常在想如何讓這所私立大學保有競爭力。本人在校中提出了 **4I**（**Internationalization, Information, Integration, Innovation**）及 **4E**（**English, Electronics, Ethics, Entrepreneurship**）的說法，我覺得這些對提昇華人的競爭力亦同樣適用，不過還要再加上一個 **4C**（**Chinese, Control, Coordination, Creativity**），請見圖一。

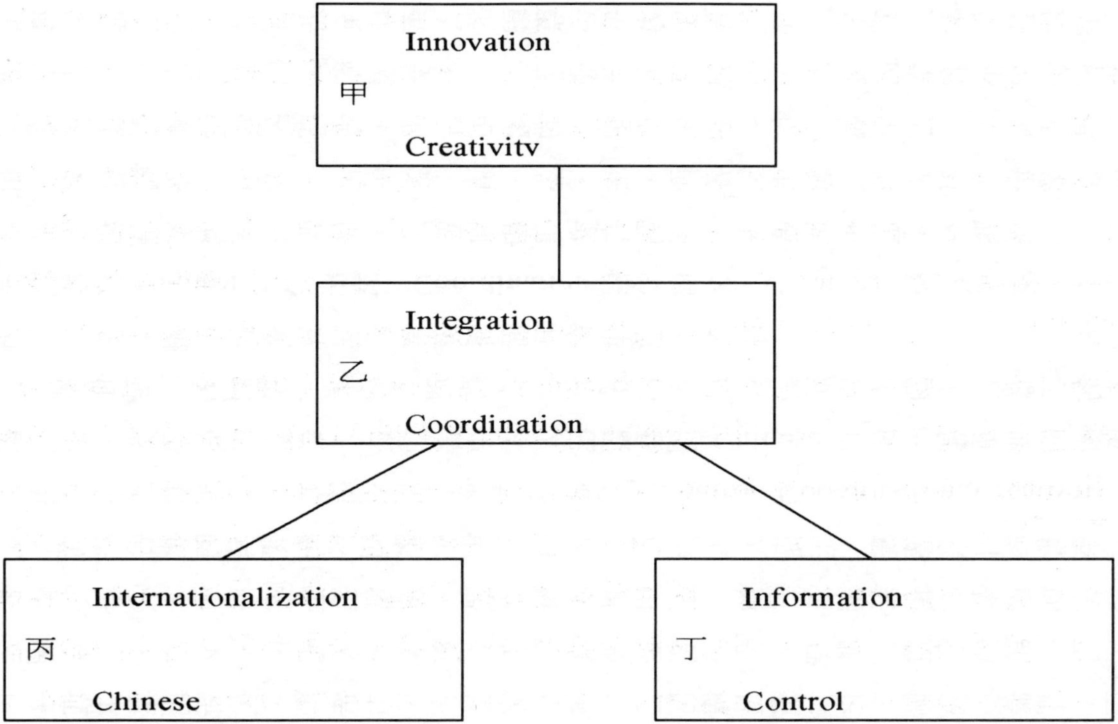

圖一：培育華人人才的 4-ICE 策略

甲區塊中是創新化、創造力、企業家精神；乙區塊是整合化、協商、倫理；丙區塊是國際化、中文（中國人）、英文；丁區塊是資訊化、控制、電子通訊。丙丁在比較低的層次，中層次是乙區塊，最高層次是甲區，換言之創新化的基礎即在於整合化，而整合化的基礎在於國際化與資訊化。4C 由本人提出，靈感來自於哲學教授成中英先生的C理論，此處引用了他的三個C，Control, Coordination, Creativity。至於國際化，英語固然重要，在前言中本人已觀察到 Chinese 也成一種重要的國際語言。如果你是一名國際企業的管理者，Chinese 亦可以代表雇用中國人當員工的考量，因為許多中國人的素質已非常優秀而且薪津並不太高。

成教授將 Control 歸於法家，Coordination 歸於儒家，Creativity 歸於墨家。本人以為甲區塊和墨家與禪有關係，乙區塊和儒家有關係，丙區塊和道家有關係，丁區塊則和法家有關係，中華文化中儒、道、墨、法、禪各家思想，如能用在企業或組織管理系統並對應適當的區塊，則古中國的思想文化亦可化為競爭力！本人覺得目前中國華人所以有相當的國際競爭力，不是碰運氣得到的，而是因為有不少明智的高級領導所造成的。其實若全球華人的國際競爭力要再提昇，事實上需要各地華人社會各層級的領導或多或少要有類似 4-ICE 策略積極培育人才，不時的提醒，免得華人同胞再度沉睡。

三、整合創新與終身教育

元智大學是所年輕的大學充滿了旺盛的企圖心，一向以追求卓越爲目標，因此相當注重時勢的動態發展與掌握，並據此規劃與釐訂整體校務發展的目標，研擬具體可行的策略，並落實在各單位人員的執行與教學行動上。爲能及時與彈性的回應各項教育市場的需求，各項行動方案在執行一段期間之後，定期的審愼檢討與評估，以爲改進行動、調整策略、修正目標的依據。換言之，經過十餘年孜孜矻矻的經營，元智大學盱衡當前主客觀環、未來國家社會需要、世界發展趨勢，以「卓越、務實、宏觀、圓融」的教育理念爲宗旨，訂定以建立「一、科技與人文融匯之校園文化，二、知識與智慧並重之人才培育，三、理論與實務兼顧之研發建教，四、品質與創新結合之行政管理」的校務中程發展總策略，積極推動綠色科技（Green Technology）及資訊社會(e-Life)的發展特色；期望達成具有人文化、國際化、資訊化、多元化、適域化之亞洲新大學典範的目標。在知識爆炸與不斷增長的時代，知識已經走上了多元化、專門化、分工化、具體化的道路，一個人不可能普遍的理解所有人類的知識，而只能是一種「概括」的理解，學習了其中部分的、專門的知識並非去擁有了人類所有的知識。因此，當面對知識時，我們必須學習的謙虛態度，承認自身的無知與不足，也必須充分的體認到自己所知、所學、所具備的知識在人類全體知識中的位置、與其他部門知識的相關性；也就是說必須明白自己專長的知識，在人類全體知識脈絡中的位置，從而自我定位、知己知彼，才能夠在彼此尊重相互諒解的基點上，與他人互補不足、相互協調、共同分工合作，以解決複雜多變的問題。總之，以強調人必須以更廣闊的視野、更寬容的心胸，尊重與接納各式各樣與自己所知所學不同的專業知識領域、知識人；必須了解新時代知識問題的複雜性，而體認到知識的轉移、知識的交互融滙、知識本身的力量，是創造新社會、新價值的力量泉源。在這種意義下教育的主要功能，即在提供學習者有機會去接觸與認識，所有人類可能知識中各領域、各學門的系統性、專業性知識的類型、訊息與學習管道；提供各種可供選擇、整合、激發想像的機會性知識，讓學習者能評估一己的能力，並以一己的所長爲核心，整合信息、自我配套、增強技能，以便未來能靈活的運用在臨事的作爲上，並暢通終身永續再學習的通道。而所有的這些都必須由人主動積極的去不斷學習。在「信息社會、全球化、知識經濟」時勢與問題的驅動下，人的素質要求普遍的提高，相對的因應策略則必須更積極的開發人的多元智能；知識經濟挑動的知識變革、知識管理、知識轉移和知識給予知識力量以創造新的社會、新的價值與效益，使得爲了完成任何事情，都必須具有高度專門化的相關知識，相對的學習者也必須在工作中不斷的學習，以致於終身學習；知識的學習又必須與具體而實際的工作密切結合，高度複雜的科技，需要更高層次的知識與技術，以便能應付與解決隨時突發的問題狀況。人如何調適自己、靈活應變、能夠接受再教育、再訓練，越發顯得重要，換言之，人的問題、人的提昇、人的培訓仍然是新時代中最急迫、最棘手的問題。總而言之，以上概述包含了兩個面向：一是內在的，以開發人的多元智能爲主，讓人了解自己的向度與限度，在向度上求創意拓展，在限度上則追求突破的可能，以開拓自我嶄新的領域。二是向外的：以自身爲核心，向外擷取各種信息，由批判性的選擇、揚棄，納入自我的認知與行動系統，以不斷增長自我的知識、技能，而能運用自如的在行動中證明自己、完成各種人的事功。而向外的又奠基於向內的，內外其實是一貫而相關聯的。

四、結論

從教育的立場而言，大學教育的基礎任務，還是在培育能去主動積極回應問題的人才；作爲大學教育一環的通識教育，也不能背離這個宗旨。而大學教育的規劃者，更必須從整體的角度加以考量，把通識教育納入各科系的專業課程設計中，做爲一種必備的基礎性知識、或專業知識的背景知識，而給予相當的重視。換句話說，若要從高等教育的立場考量，針對這些時代的趨勢問題，前瞻性的、長遠的規劃新時代的人才培育；那麼面對全球整體性的問題與形勢，我們需要宏觀的新視野、以整體思維、系統思維的的方法，扣緊問題的癥結、掌握自己的能力，以廣大的全球視野，落實在具體而又實用的教育設計中，培育能有效解決問題，創新知識的人才。元智大學是一所十分重視時代趨勢的學校，在創校的宗旨中即特意標榜：開發多元智能、著重全人教育，培育未來具有深厚人文素養的知識、科技、管理領袖人才等長期發展理想的教育理念，有前瞻性與強烈而旺盛的企圖心。以上的說明，可以說是個人在元智大學現行教育的做法上，進一步反省，從事元智大學教育理念、價值目標的細部修正與微調的一點淺見。全球華人的競爭力目前看來很強，大前研一有精闢的分析。不過競爭力是要持續的，本人由小見大，在元智大學推動的 **4I** 和 **4E**，似乎亦很適用來鼓勵華人同胞持續發揮強大的競爭力，另外參照成中英教授的C理論，本人再提出 **4C**，和前面之 **4I**、**4E**，共同形成 **4-ICE** 的策略觀點，相信善用這觀點可以將全球華人在企業中，不論人、生產過程和產品或服務會不斷地 **Innovation**。綜合上述所見，可以預期全球華人國際競爭力的不斷提昇，廿一世紀的地球上，華人將是主角。

參考書籍

1 大前研一，力用中國，張新琦譯，天下財經 037，二〇〇三年

2 溫世仁，中國經濟的未來，天下文化 272，二〇〇三年

3 成中英，C理論－易經管理哲學，東大圖書公司，一九九五年

廿一世紀新科技的衝擊及大學因應之道

通識教育中心主任教授　王立文

摘要

廿一世紀重要的新科技有生物科技（Biotech）、電子資訊科技（Electronics, Information）、奈米科技（Nanotech）及綠色科技（Green-tech），這四項新科技可以簡寫爲BEING。一所現代綜合大學不能不追逐新科技的研發，大學若只走傳統路線得不到青年學子的喜愛，培育出來的人才又得不到社會的器重，對大學經營是一種危機。可是BEING這四項新科技，每項都進展神速，使社會一直處於急速變遷（becoming）的狀態。一個青年學子若選這些新科技爲其專業，又缺乏良善的通識教育，整日追逐變化，身心無法安頓，優秀的科技研究生患憂鬱症甚至於犯罪殺人、製造毒品者時有所聞，頗令人心痛與憂心。深一層思考，大學教育的本質是否不只有求真亦應含求善。大學教育的責任是否不只是科技知識之訓練機構亦應爲教化之機構，引導學生道德生命的成長，這大學教育的定位拿捏實在非常重要，未來社會能否和諧成長，端視大學之領導人如何帶領高等教育的走向。在大學中，文史哲藝的通識教育有平衡新科技衝擊的作用，這一方面各大學應適度的加強，培育出來的青年才不至於成爲心智殘缺的科技怪人。

一、新科技帶來的衝擊

談科技必先了解科技的定義，根據韋氏字典其意指爲「達成某一實用目的之技術方法」，亦即包涵了能切實增進個人生活及延續人類生存所必需事物的各種方法。有社會學者解釋科技爲「在人類各種活動領域中，爲達成目的而具有合理性與效率性的各種方法」。科技是一套有系統的知識與方法，可改變或控制人類各項活動，增進人類活動的效能、效率和生活福祉。科技可用來決定各種要素資源，投入經濟活動，藉由一套生產製程或消費程序，提昇活動的質與量，進而對人類的生活及工作，產生實質的貢獻。舉例而言，蒸汽機、電訊網、計算機諸類硬體設備的發明，以及線性規劃、專家系統諸類軟體系統程式之創新，都算是科技的範疇。自然科學狹義的定義就是物理、化學、生物、數學、地質、天文學等學科，並不包括應用科學，而科技的定義卻含有應用科學。本文提到之科技泛指非人文社會學科涵蓋的學問，包含狹義的自然科學及應用科學甚至生命科學，因此在廣義而非嚴格的定義下，科技可以代表了整個科學與工業技術的意義。

今年七月四日美國國慶日，美國航空太空總署（NASA）依計劃進行了一件讓美國人甚至人類皆興奮異常的事——深擊號撞彗星，據報章雜誌記載，彗星被撞一方面可以探討遠古時期太陽系初形成時的一些秘密，另一方面也可以對未來假設有一天彗星要來撞地球時，設想一些人類真能防範之策略方法。其實這一撞擊的意義和作用豈僅於此，美國在太空的強權再度重現，這是一會有歷史價值的事件，美國在世界的領導地位似乎仍屹立不搖，無可撼動。然而這撞擊彗星的想法可能出自一些科幻小說的作家，一個小說情節被落實了，我們常看到科技壓制或衝擊著人文，其實有時人文也會引導著科技的發展方向。此外，管理學大師彼得·杜拉克，在其近作「下一個社會」不斷地訴說：資訊科技會產生許多新產品與衝擊，其中電子商務在資訊革命中的地位，就像鐵路在工業革命中的地位一樣會有全新的發展，電子商務會迅速地改變社會的經濟與政治結構。在生物科技大未來[2]（The Coming Biotech Age）一書更指出生物物質的時代會繼著資訊時代來臨，生物物質一詞涵著生物學與新材料科學這兩領域的結合，有機與無機物質明顯界線逐漸模糊，前所未見的有機與無機混合物質紛紛被創造出來，Biotechnology 及 Nanomaterials 對人類社會的衝擊力將不可小看。

二、第一、二次科技革命的回顧

第一次科技革命發生於一八世紀後期，可以把紡織機的改良當起始點[3]，蒸汽機的發明及使用爲象徵，因它在人類的社會生活上產生了很大的影響，導致了產業革命，科技文明變得十分顯著。事實上，人類在此之前也懂得使用工具，只不過機械的影響力尚無如此之大。

早期的紡紗機是靠人力帶動，十八世紀後期水力紡紗機應運而生，水力紡紗機利用自然力（水力），體積大，不宜安置於一般家庭內，必須另建較大的廠房，將較多的工人集中起來在一個地方做事，這樣就逐漸形成工廠的雛形。紡紗工業起來了，織布工業亦跟著進步，於是整個紡織工業一時欣欣向榮，整個工業革命的氣勢就這樣開始蓬勃發展。在工業文明初階段紡織機是用水力的，是將水流的位能、動能轉變成機械能，算是能源的直接利用，這種改革是第一次科技革命中的第一階段。第二階段則是蒸汽機的發明和使用。蒸汽機產生出來是許多發明家共同努力的結晶，瓦特將它推向了大量實用的層次。蒸汽機經過燃燒的作用產生動力，給人類增添了強大的動力，有一段時間，人們可說是進入了蒸汽機時代。

蒸汽機影響很大，化工、冶金、採礦、運輸部門皆因其造成快迅的發展。以交通運輸業爲例，火車被發明出來了，它的動力就是來自於蒸汽機的盛行。火車的發明大大地加強了陸路上的交通問題，接著海上的交通也因使用蒸汽機輪船而改善不少。產業革命自英國發動，迅速影響到整個歐洲，近代的工業體系便建立起來。這樣的科技變動影響人們的生活型態非常之深，這時人類的文明中科技的影響力也逐漸邁向第一把交椅。封建貴族的統治逐漸讓位於大資本家，資本主義應運而生，因爲資本家求利之心過度發展造成貧富差距拉大，社會上另外的聲音也因之而起，逐漸形成了社會主義的產生，更進一步有共產主義的誕生。這次的演變中，科技對交通運輸、工業體系、生活型態影響深鉅。對於不是從事科技工作者，也應有在這些方面有些認識，對機械要有起碼的認識，對它們予社會的衝擊更要有體認。

在第一次科技革命之後，在十八世紀末、十九世紀初，大量以電力應用的產品、設備被發展出來，如發電機、電動機、電燈、變壓器，加上內燃機的產生與運用，對一般人的生活有更多的影響。就拿電燈爲例，人們在沒有電燈以前，晚上的生活和有電燈之後的晚上生活有多大的差異。在第二次科技革命中，美國和德國均迅速竄起，發展自己的特色工業，這次革命所含的科技知識相當廣泛，對人類的物質生活有極大的影響，整個人類的科技文明又邁向前一大步。

第二次科技革命有不少發明家，皆是融工程師和商人於一身，他們創立企業，發展、推銷他們的發明，幸運的，就形成大企業如愛迪生的 GE 公司及與汽車相關的福特公司。科技帶來的環保及倫理問題在第二波工業革命期間最明顯，能源礦產被大量地開採利用，水資源被引至農、工及學校家庭使用而產生廢水，沼澤湖泊被改成水庫，高地被拓爲平坦的道路，村地變成農地，農地又被轉爲工業用地。環境惡化，資源耗竭，科技的發展產生了許多負面的效果，化石燃料等科技提供了產業發展及交通運輸之動力，卻也爲環境帶來了「溫室效應」及其他各種有毒污染物。由人類由生態的破壞及環境污染，逐漸能體會環境倫理的重要，不過環境倫理的深層議題是人類共同面對地球的生態環境改變，究竟應如何與大自然相處。

三、綠色科技與第三次科技革命的興起

核能發電科技給工業社會提供了便捷的電能，但其副產品則是可怕的核廢料及輻射物。又如肥料、農業及殺蟲劑，大幅提高了農業生產力，卻也可能污染了水源及危害了人體的健康。從以上可知，工商業的各種產品，在其生產過程中很有可能產生了各式各樣的固態、液態及氣態的污染物，我們似乎可以感覺科技的發展應用和環境保育之間存在著一些密不可分的關係，以上的一些敘述，好像說科技進步一定帶來環境的惡化，其實並不必然，如果企業主能高瞻遠矚，本著良心和倫理觀念，他們會逐漸去發展綠色科技，這些種種都可以是科技通識課的議題。

萊斯特・梭羅[4]在其所著之書「知識經濟時代」，提到一不錯的觀念，即改變環境需依賴經濟成長，綠色科技不但不會威脅環境，反而能拯救環境。汽車科技目前最熱門的領域就是燃料電池，太空探險已經運用這項技術，從氫和氧轉變爲電力，唯一的廢料是水，如果製作燃料電池的成本可以降到適當的水準，汽車變成既無污染又不需汽油的載運工具，想想汽車造成的污染現象都不見了，豈不也是科技進步帶來的益處，當然這麼做是因有環境倫理觀念或科技通識的導引。

從科技的定義中，可以明瞭科技應用與經濟發展有極深的關係，近代經濟成長的主因是基於科技新知不斷的累積和應用，但科技不斷進步的動力起於何處？事實上，它仰賴著政府或企業源源不絕地從事研究發展與創新。科技進步可以帶動經濟的成長與社會的變遷，其主要驅動力來自於產業研究，而科技研發能力是國家競爭力提昇的必要條件。在世界經濟自由化、國際化的趨勢下，各國莫不以加強科技發展及應用其研究成果，以帶動其科技產業，並增強其國家競爭力。美日歐各國其基礎研究、應用研發、至技術產業的發展，形成一完整的科技發展體系，可成爲國家發展的支柱。比如，美國的航太、電信、資訊、醫藥等，日本的汽車、機械、半導體等，德國的化工、汽車、精密精械等，瑞士的鐘錶等，皆是明顯的例証。科技教育有一任務就是引起大家對科技研發的興趣，強調創新的精神。

科技的改變與進展，非僅衝擊著國家經濟和工商業的發展，更影響到個人生活型態與社會組織，舉凡農、工、商業，甚至政府部門與家計單位的許多活動，均與科技的利用息息相關，比如，電視科技與照明設備對人們的作息時間與家庭互動的方式影響就十分鉅大；電話、傳真以及最近的網際網路及電子郵件，更大大地影響了人們溝通的形式，連帶地衝擊到人們的道德或倫理觀，透過科技發展，人類所製造的核子武器可以毀滅全球。如果我們欠缺自制力，不關懷他人，沒有正當的價值觀，科技的發展有可能是非常危險的。

美國的未來學家托佛勒在一九八〇年出版一本暢銷書「第三波」中，將人類經濟演化劃分爲三個波段，公元前八千年至十八世紀中葉的農業波段，接著是至二十世紀末的工業波段，最後則是始於一九六〇年代，且將延續數十載的資訊波段。在前述的第一、二次科技革命可以說都是托佛勒所謂的工業波段。目前事實上人類正面臨第三次的科技革命，也就是資訊波段。

第一個波段的動力是勞力；第二波段由機械、工人、資本家帶動，而第三波段的主要動力則是資訊科技和知識工作者。我們的社會正進入資訊或數位時代，正日漸遠離工業時代。回顧工業波段，人類的物質生活不能說沒有進步，不過同時也產生了一些令人憂心的現象。人類不斷改善使用的工具和方法，卻似乎未提昇生存的目的。比如，兩次世界大戰使用高明的科技武器造成的屠戮，比以往的戰爭更殘忍。生化與核子武器的陰影一直威脅著人類，有些河流遭到嚴重污染，森林遭到濫伐，貧困的農民變成大都會的遊民。但社會因資訊科技的進步，變異的更快，舊的問題沒有解決，新的問題已層出不窮。

第三波經濟是服務業興起的時代，製造業者所占的比例不斷下降，反而是設計、行銷、顧客支援等服務性質的活動逐漸囊括了多數產值。對於多數服務業者而言，最重要的資源是員工的聰明才智。不同階段的生產技術，形成了不同的社會組織與結構，並進而影響了財富的創造與分配方式。自然資源、勞動、資金、新科技等，在人類歷史中，曾陸續成爲人類經濟活動中的關鍵要素，知識的角色雖然一向存在，但其重要性從沒如此重要過。這就是爲什麼現代公司中最重要的資源會是員工的聰明才智，知識變成和經濟活動的關係增加如此之高，原因是資訊科技在近年發展迅速，對人類生活型態的影響十分深遠。

資訊科技係指資料的生成、傳送和利用之有關科技，應用領域似乎無所不包。狹義而言，資訊科技主要應用範圍是3C產業，即電腦業（computer）、控制性電子業（control）與通訊業（communication）。由於資訊科技迅速的發展，經過電信網路，可將人們的聲音影像傳送至世界各地，也經電腦傳輸作業，獲取世界各地各種數據資訊，拉近至我們的身旁。人類微電子科技與遠程通訊能力的蓬勃發展，真的表示出這一波（第三波）的科技文明變革已然到來。

四、因應科技發展的新衝擊元智大學之人才培育對策

科技、資本市場與管理是推動全球化的三個主要因素。在現今的印度，你會發現廉價的手、眼睛、聲音及大腦在做許多驚人的事：處理保單、替瑞士航空分擔運籌工作，甚至利用衛星傳送影像擔任加州辦公室大樓的保全[5]。此外，像手機的運用可將決策時間延後，對於爭取時間自由度的人有相當的益處。某次聚會，我的許多研究生分兩車去石門吃活魚，事先並未選定任何一家，兩車分別行動，某車找到合適的店再以手機通知另車的同學，這種約定的模式，在若干年前是不可能的，石門賣活魚的店那麼多，事先沒講好確定的地點，到後來就很難再相遇了。手機的妙用不僅此也。在日前，行動電話擁有率增加最多的是在開發中國家，對於某些偏遠地區，鋪設電話線路是很不合經濟效益的。「行動電話」這詞或許有一天會消失，很多年輕人生活漂泊，似乎沒有必要花錢拉電話線了，有線電話與無線電話之間的價格已愈來愈近。十年前，全世界大約只有一千萬隻行動電話，二〇〇四年，全球行動電話應約有十億。行動電話的普及正式宣告了「征服地域限制」（the conquest of location）的時代。法蘭西斯・凱恩克羅司在《經濟學人》期刊稱「距離已死」（the death of distance）的現象已經真實的展現了，造成這現象的重要原因是電腦和電話的高速進步及使用。

近年來，許多科技領域發展迅速，人們藉此享受到前所未有的舒適與便捷，強化了人們實用及功利的觀念，十分忽視道德與價值問題。那些科技專家，變成只會製造優良產品或軟體的技術人員，不關心社群與國家、世界等重大問題，事實上也不知道如何去關心這樣的問題，要成爲什麼樣的人？什麼樣的生活值得過？這類的問題科技專家大都覺得陌生而不知所措。

工程科技造成的倫理問題，探究者已進行一段不算短的時光了，故常可聽到有工程倫理的名稱。資訊科技較新，它造成了目前社會相當多的倫理問題，尙待迫切的探究。如線上交易法律權益認證問題、個人隱私權的確保問題、惡意廣告的文化問題、著作版權的保護問題，還有網路色情與犯罪的防杜等問題，在在皆挑戰人們的生活環境和價值體系，因之，如何在便利的生活空間也尊重個人隱私並維護應有的社會公義，實須有相當新的科技通識觀念。這也是資訊科技給人類社會和文化層面帶來的新課題。至於生物科技帶給人類的課題則是更新穎及更有挑戰性。一九八〇年名學者 DeVore 提出了科技素養的觀念，並認爲科技素養的內涵應包括三個領域：生產（Production）、運輸（Transportation）及通訊（Communication），現在看來至少缺了生物科技（Biotech）。

從一隻羊的皮膚細胞竟可以複製出一隻羊，人類對此事震驚萬分，引發了各層面的關注與討論。生物科技如同一把雙面利刃，稍有不慎很容易傷到人類自己的尊嚴，甚至破壞自然的生態系統。生物科技會帶來龐大商機，不過原本屬於我們個人生命尊嚴的資訊與隱私權可能很容易就洩漏了，因爲基因資料內容一旦曝光，我們都變成了透明人[6]。國科會曾預測生命科學相關領域技術未來實現時期[7]，其中有在二〇一一年阿耳滋海默氏型痴呆症將變爲可以預防，二〇一五年可以治癒，這對高齡化的社會不能不說是一個重要的信息。

元智在工學院時代即提出其教育理念希望把學生教育到圓融（H）、卓越（E）、務實（R）、宏觀（B）的境界，這是一個很具理想性的理念。然而登高必自卑，行遠必自邇，元智大學同仁覺得要達到 HERB 的境界，應先達到 4I 特質，也就是整合化（Integration）、創新化（Innovation）、資訊化（Information）、國際化（Internationalization），再思量下去要達到 4I 可以從 4E 處下手，4E 是什麼呢？即倫理（Ethics）、創業家精神（Entrepreneurship）、電子生活（e-Life）及英文（English），因此面對元智的剛畢業生應該最直接的感受是除了他們的專業不錯外，他們 4E 的能力應該是很明顯的，不過隨著他們在社會上的歷練其 4E 很快可以轉爲 4I 特質，有這些良好的特質爲基礎，加上終身學習，相信他們終能達到 HERB 的境界，因此元智不僅重視大學教育，大學後的終身教育亦是元智相當強調的。新科技的訓練頂多帶給學生務實卓越的本事，卻無法給學生圓融、宏觀的襟懷。元智的學生由 4E 至 4I 終至 HERB 是本校精心營造培育人才的妙法，元智培育的人才一定可以在社會展露其芳香，對社會人類作出正面的貢獻。

4E 和 4I 的關係

4E \ 4I	整合	創新	資訊	國際
英文				V
電子生活			V	
創業精神		V		
倫理	V			

4I 和 HERB 的關係

4I \ HERB 教育理念	H（圓融）	E（卓越）	R（務實）	B（宏觀）
Internationalization（國際化）				V
Information（資訊化）			V	
Innovation（創新化）		V		
Integration（整合化）	V			

一個現代公民回顧過往人類科技的發展，應做什麼樣的省思呢？元智大學以爲要能對科技有基本的認識，另外要有科技發展中所蘊育出的科技通識涵養，這涵養包括了對科技本身的基本認識及環境倫理與 4I 的精神，才算是一個合格的世界公民。在這個時代交通運輸發達，如果僅守著狹隘的地域觀，許多事情都會做不下去，人們活動已不僅是國際化，簡直已到全球化，高科技企業經營若緊守著國內市場，

一旦國內市場被外國公司侵入，價廉物美，將何以自保？學校亦然，在台灣加入WTO之後，國際間的學術交流勢必更加頻繁，如果一間學校不重視國際化，它本身的形象聲望即不佳，培育出來的人也會不知天高地厚，甚至夜郎自大，因此國際化是非常必要的，國際化的程度和交通運輸是否暢通很有關係。資訊化是時代潮流，通訊在這潮流扮演極重要的角色，不可違抗，許多轉型不及的企業紛紛倒閉，說穿了，其實資訊化與國際化皆是獲取現代科技知識的重要管道，不如此不足以成為地球村的公民。既然有這麼多管道足以擷取知識，集中於工廠或公司，做適當的整合，便可進行生產，另外累積的知識可若蘊釀一番，遇到特殊機緣，很容易就激盪出新的創意，這在生物科技的大幅進步中，可深深體會。人類的文明如果只是受科技產品驅使，結果一定不樂觀，但如果能借由對科技發展的認識，體會到科技的相關議題，包括其本身的介紹及所蘊涵的41精神加上環境倫理等等，那麼人類文明及國家社會的發展，才會是進步與樂觀的。

元智大學在一九九八年通識教育受評為績優，在績優群的大學中，本校是最年輕的，創校時間短卻能獲評優良，實屬不易。究其原因是本校通識教育重規劃，制度健全，校方支持，重視教學品質。二〇〇五年又再受評，這回含在校務規劃之內。

評審者的意見正面肯定的頗多，評審成績公佈，爲表現較佳，評審們對本校通識教育的意見可歸爲五點：(1)通識教育涵蓋基礎性與發展性兩方面，而其規劃則分人文藝術、社會科學、自然科學及生命科學四類。學生須於各類中至少修習一門，總共須修習十二學分。通識課程之開設須經中心課程委員會及校課程委員會審查核准，顧慮周延，作業嚴謹。整體通識共三十二學分，比例在同組各大學中屬優良。(2)全校課程安排，以通識課程爲優先排定。開課多元，科目多，學生選課不致太難。學生對通識課程整體滿意度，在「非常滿意」與「滿意」二項之和超過94%。(3)通識教育在舉辦演講時，強調多元智能以及倫理教育，對學生人格的陶冶頗有助益。大型通識教育學術研討會之舉辦，頗見成效。(4)配合國際化及就業需求，學生須修滿「通識外語課程」十二學分。「數位英語學習」及「英語檢定」則爲必修課程。處處爲學生著想的措施，值得稱讚與鼓勵。(5)近年積極改善教師之教學設備及研究空間。總之現況不錯。然而學校要邁向頂尖大學，通識課程重新規劃應是必要的。參考美國哈佛大學通識教育兩次改革的重點，一次爲教育大學生如何成爲自由社會的公民，另一次爲主張加強核心課程。又參考台灣清華大學通識教育最新的改革，復參酌本校教育理念——圓融（H）、卓越（E）、務實（R）、宏觀（B）及校園文化現也有了新的草案，未來將謀求共識與再精心設計，務求新的通識教育規劃能因應 BEING 新科技帶給大學教育的衝擊。原來元智通識課程除了共同必修課二十學分外，十二學分屬四類，學生每類都得選，但每類中課程數目都不少，學生似乎在取自助餐。哈佛和台灣清華是除了自助餐還有套餐，就是核心課程的設計。清華的新規劃共同必修十四學分，核心通識六學分，選修通識十學分。本校的新規劃共同必修十八學分，核心通識六學分，選修通識八學分。本校因強調外語在共同必修多了四學分，本校廣義的通識共三十二學分，清華爲三十學分。

元智未來的通識核心課程將分成四大向度：⑴圓融⑵卓越⑶務實⑷宏觀，這四向度與本校教育理想吻合。圓融向度含美善情操，可有藝術賞析、應用倫理學等課；卓越向度含思想方法，可有批判思考、創新思維等課；務實向度含社會、科技與文化，可有公民社會與法治、科技與社會等課；宏觀向度含生命與生態之探索，可有生態環境與全球變遷、生命科學等課。核心課程和通識選修不同之處是其每一向度僅開二—三門課，課程內含非常精實，學生可在這四大向度中任選三向度之一門課。若核心課程未來能再增加兩學分，使學生每個向度都得選，核心課程有八學分，則更爲理想。

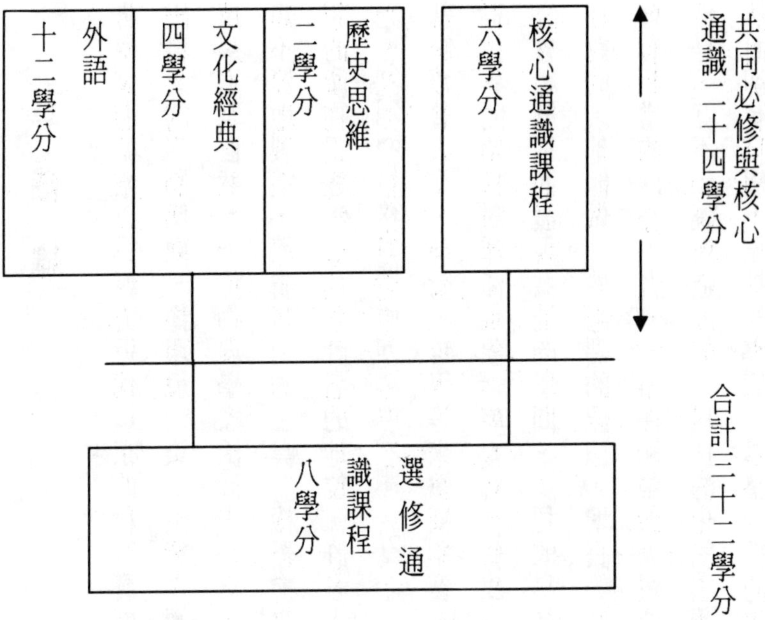
共同必修與核心通識二十四學分
合計三十二學分
核心通識課程
六學分
歷史思維
二學分
文化經典
四學分
外語
十二學分
選修通識課程
八學分

五、結論

哲學家海德格以爲西方近代以來的科技發展已造成許多弊病[8]這些弊病追根究底都出自人的宰制傾向，像環境污染、生態平衡遭破壞、能源危機…等乃出自人濫用科技來宰制自然。一位物理學家沃爾夫[9]寫了一本書叫靈魂與物理，他憂心地表示人類不停地製造出節省勞力的工具，機器愈來愈複雜精巧，電腦愈變小，這些人類思想的產物正逐步取代設計者的地位，許多人常坐著發呆，無聊地用電視節目打發時光。分類的科技發展研究造成分割、分立，相互不了解是以往科技帶來的弊病，這時就應藉著人文、藝術、哲學等來彌補割裂、化約、緊守自己堡壘的現象。不過最近科技界開始探討渾沌現象[10]與複雜性科學[11,12,13]，這種重視整體的科學在自然界、社會組織裡面發現共通的學問，這種的科技背後的哲學，若不論學科學的、學人文社會的人都能做一些起碼的認識，增長一些整體性的思維智慧，對人類的共榮共存會有相當的助益。九一一事件和倫敦大爆炸就是人類不同的團體各堅持己見，自以爲是，互不相讓所造成的，科技的化約主義給人類帶來局部性精緻的聰明與繁榮，然而卻有見樹不見林的弊病，具整合性的複雜科學或人文科技有適度的整合才能讓人類見到整個樹林而有整體宏觀的智慧與和諧。儘管新科技如：生物科技（Biotech）、電子資訊科技（Electronics, Information）、奈米科技（Nanotech）及綠色科技（Green-tech），這四項新科技可以簡寫爲 BEING，它們皆如排山倒海而來衝擊著人類社會，人們應本著覺知清醒的人生態度[14]，注重 4I 精神、環境倫理及適當的科技、人文素養，社會方不致失序而能穩當前進。

經本人與台大黃俊傑教授討論後之共識是從 "Being" 之發展導致人類生活之變遷，原來是爲改善人類之生活而言，故可說 Being for Becoming。但從 "Being" 之發展一日千里而言，"Becoming" 成爲 "Being" 之本質，故可說 Becoming as Being。但是 Becoming 是一種 double-edged sword（雙刃之劍），它可以導致善的結果及惡的結果。因此，新科技的本質與目的之間有落差。如何使新科技的 Becoming 之本質引導至向善目的？大學在新科技人才培育過程中的角色應由求真到求善，責任則由從科技之訓練工廠到轉化成爲教化的機構，引導學生道德生命成長。在課程方面之調整應注意各種科技課程均融入人文關懷與倫理內涵，要有「以人爲本」的科技課程設計。

基於以上的敘述，元智大學開有如後的課程[15]：環境保護規劃概論、環境與生態、全球變遷導論、自然資源與環境保護、工程專業倫理、網路資源運用與倫理規範、科技發展史、生命倫理學這些觸及了國際化、資訊化、整合化和倫理的議題。至於創新化，則有自然科學講座與生命科學講座來帶動。其餘的科技通識則偏向介紹科技本身的科普，如地球科學概論、天文學漫談、DNA 的基礎認識、生物學概論、醫學工程概論等。

在通識課程學分中，有些是共同的（元智有二十學分），如本國語文、英文、憲法、歷史，學生常被要求必修，另外則是選修的。但這些選修課目亦有分類，在元智就分自然科學、生命科學、社會科學、人文藝術四類。元智有十二學分這些方面的課程，學生被要求在這四類中，每類至少選一科，五年前只有自然科學、社會科學、人文藝術三類，在四年前通識課程改革時，加上生命科學類，從此生命科學類的科目在通識課程中逐年增加，比例上一路攀爬。

在人類科技發展的演進中，自然環境受到災害已是眾所目睹之事，有志之士提倡綠色科技與環境倫理亦時有所聞。唯環境不只是自然環境，人文環境亦非常重要，資訊科技和生物科技大幅變動了人文環境，造成人類憂鬱症等病氾濫，恐怕正是高等教育面臨的新課題。在教育的過程中，大學應設法使學科技的學生有足夠的人文素養，學人文社會學科的學生有足夠的科技素養，將來的社會才會是和諧、進步、有希望的社會。

六、參考文獻

1.彼得・杜拉克。下一個社會。劉真如譯。商周出版。二〇〇三年四月。
2.理查・奧利佛。生物科技大未來。曾國維譯。麥格爾・希爾有限公司。二〇〇〇年九月。
3.威爾・杜蘭特著。科學的故事。張光熙、宋加麗譯。好讀出版有限公司。二〇〇二年三月。
4.萊斯特・梭羅。知識經濟時代。齊思賢譯。時報出版。二〇〇〇年五月。
5.約翰・米可斯維特，艾德萊恩・伍爾得禮奇。完美大未來：全球化機遇與挑戰。高仁均譯。商周出版。二〇〇二年三月。
6.吳宗正，何文榮。生命複製。大塊文化。一九九八年。
7.賴士葆，謝龍發，曾淑婉，陳松柏。科技管理。國立空中大學出版。一九九七年八月。
8.沈清松。現代哲學論衡。黎明文化事業。一九九四年十月。
9.沃爾夫。靈魂與物理。呂捷譯。台灣商務出版。一九九九年。
10.葛雷易克。渾沌：不測風雲的背後。林和譯。天下文化出版。一九九一年七月。
11.沃德羅普。複雜。齊若蘭譯。天下文化出版。一九九四年十一月。
12.斐傑斯。理性之夢。牟中原、梁仲賢譯。天下文化出版。一九九一年七月。
13.彭新武。複雜性思維與社會發展。中國人民大學出版。二〇〇三年三月。
14.克里希那穆提。生命之書。胡茵夢譯。心靈公坊。二〇〇五年五月。
15.王立文，孫長祥。「倫理與現代科技相互影響之探討與對策」，倫理與身體思維學術研討會。台灣，中壢。二〇〇三年八月。

國家圖書館出版品預行編目資料

倫理與通識: / -- 王立文,孫長祥,仲崇親著. 初版. -- 臺北市：文史哲, 民 94.
頁： 公分（元智通識叢書倫理系列）
含參考書目
ISBN 957-549-647-7 (平裝)

1.倫理學

190

元智通識叢書倫理系列

倫理與通識

著　　者：王立文，孫長祥，仲崇親
著作財產權人：王立文
倡 印 者：元智大學
桃園縣中壢市內壢遠東路一三五號
電　話：886-3-4638800
出 版 者：文史哲出版社
http://www.lapen.com.tw
發 行 人：彭正雄
發 行 所：文史哲出版社
印 刷 者：文史哲出版社
臺北市羅斯福路一段七十二巷四號
郵政劃撥帳號：一六一八〇一七五
電話886-2-23511028・傳真886-2-23965656
實價新臺幣二六〇元
中華民國九十四年（2005）十二月初版

ISBN 957-549-647-7